COLECCIÓN COCINA

COLECCIONES

Colección Ejecutiva
Colección Superación Personal
Colección New Age
Colección Salud y Belleza
Colección Medicina Alternativa
Colección Familia
Colección Literatura Infantil y Juvenil
Colección Didáctica
Colección Juegos y Acertijos
Colección Manualidades
Colección Cultural
Colección Espiritual
Colección Humorismo
Colección Aura
Colección Cocina
Colección Compendios de bolsillo
Colección Tecniciencia
Colección Esoterismo
Colección con los pelos de punta
Colección VISUAL
Colección Arkano
Colección Extassy

Linda Ferrari

Cocina saludable con ajo

SELECTOR
actualidad editorial

SELECTOR
actualidad editorial

Doctor Erazo 120　　**Tels.** 588 72 72
Colonia Doctores　　**Fax:** 761 57 16
México 06720, D.F.

COCINA SALUDABLE CON AJO
Título en inglés: *The Garlic for Life Cookbook*

Traducción: Alejandra Medrano
Diseño de portada: Carlos Varela

ISBN (inglés): 0-7615-1444-9
ISBN (español): 970-643-154-3

Primera edición: Febrero de 1999

Cocina saludable con ajo
Tipografía: *Kaleidoscopio*
Negativos: *Reprofoto S.A.*
Esta edición se imprimió en febrero de 1999,
en *Diseño Editorial*, Bismark 18, México,
03510, D.F.

Contenido

A mi buena amiga y maga de la computadora,
Sherry Davis.
No hubiese podido hacer este libro
sin su experiencia.

Reconocimientos

Deseo dar las gracias a Jan Townsend del *Sacramento Bee* por haber elaborado un artículo que estimuló a Prima Publishing a contactarme. Un gran agradecimiento a Jennifer Basye en Prima por haber confiado en que yo podía hacer esto y a Karen Blanco y Andy Reese Brady por toda la ayuda y consejos que me dio a lo largo de este proyecto.

Deseo que mi agente Linda Hayes sepa cuánto valoro la ayuda y conocimientos que ha compartido conmigo. También quiero expresar mi gratitud a Jane Gilligan de Bookman Productions, por su ayuda con los pasos finales de la producción, y a la American Cancer Society por toda la información que me proporcionaron.

Hay mucha gente involucrada en un proyecto como éste. Se requieren de muchos pasos para lograr la producción final y, a través de todos ellos, mi familia me ha apoyado mucho. Gracias a mi esposo Phil, a nuestros hijos Philip, Michelle, Cindy, Suzy y T.J., y a mi hermosa madre de ochenta y tres años de edad, Evelyn Walker, que es la inspiración de mucha de mi cocina.

Deseo dar un reconocimiento especial a los estudiantes que asisten a mis clases de cocina con regularidad y que me permiten probar nuevas ideas y recetas con ellos; realmente son buenos amigos.

Finalmente, deseo agradecerle a Jill Presson por haber estado siempre dispuesta a ayudarme, y a Georgia Bockoven por haberme introducido en esto.

Introducción

L as personas han estado fascinadas con el ajo por miles de
años. Existen antiguos documentos que mencionan al ajo, y
muchas historias populares y poemas hablan de su poder. En
tiempos pasados el ajo era adorado o despreciado. Se pensaba
que tenía poderes mágicos contra el mal, especialmente contra
los vampiros. Hasta mi abuela, bendita sea, creía en sus poderes
—comía dientes de ajo aplastados sobre el pan para defenderse
de los malos espíritus. ¡Pero todo lo que en realidad mantuvo
alejado con el olor fue a sus nietos y amigos!

En el presente estamos menos preocupados por los poderes
mágicos del ajo y más interesados en sus beneficios médicos. Se
cree que su ingrediente activo, la alicina, tiene un efecto bené-
fico contra muchas enfermedades. El Cancer Research Center
explora en la actualidad la posibilidad de que el ajo pueda pro-
tegernos contra ciertos tipos de cáncer. También se piensa que el
ajo mejora los niveles de colesterol en la sangre y la presión
arterial alta. Otros estudios han demostrado que el ajo ayuda a
prevenir los coágulos, los infartos, los tumores y los virus
comunes, como el del resfrío o la gripe.

En lo personal, me complace saber que tiene tantos buenos
efectos porque siempre he guisado con abundante ajo. Éste da
sabor a comidas que, de otra manera, serían bastante insulsas.
Cuando doy clases de cocina, las personas que pasan invaria-
blemente entran a ver qué estamos guisando, atraídas por el
delicioso aroma del ajo acitronado.

En mis clases e investigaciones he descubierto que mientras
que la gente está interesada en aprender cómo disminuir las grasas
en su dieta, en realidad no desean tomarse el tiempo de calcular
los gramos totales de grasa que consumen todos los días. Una
investigación reciente afirma que en tanto que la mayor parte de
los estadounidenses están interesados en conocer los hechos,

muy pocos llevan a la práctica lo que aprenden. Las recomen-
daciones gubernamentales actuales sugieren que no más del treinta
por ciento de nuestro consumo diario de calorías debe provenir
de las grasas. Con estas recetas espero darle ejemplos de cómo
algunos procedimientos sencillos pueden producir comida
saludable y baja en grasas.

Reducir la grasa de las recetas y mantener un buen sabor es,
en ocasiones, difícil. Después de todo, la grasa da a la comida
sabor y opulencia. Muchas recetas bajas en calorías son sosas y
blandas, y la gente renuncia a su intento por reducir el consumo
de grasas, imaginando que es mejor equivocarse a favor del
sabor. Pero no tiene por qué ser así. El secreto reside en aprender
cómo intercambiar los ingredientes utilizando muchos condi-
mentos, quitando la grasa y la piel de la carne de las aves, y los
ingredientes con un alto contenido de grasa por sus contrapartes
bajas en grasas. Por ejemplo, la leche evaporada *light* puede tomar
el lugar de la crema para agregar cuerpo a las salsas o sopas.
También puede usar vegetales hervidos o molidos, granos o
papas para espesar y mejorar la opulencia de un platillo. También
se puede lograr cuerpo al reducir los líquidos como el caldo,
jugo de frutas, jugo de vegetales, o vino. Otra manera sencilla de
remplazar la grasa es sustituir dos claras por un huevo entero, o
utilizar sustituto de huevo. Se recomienda que baje su consumo
de huevos a tres veces por semana. En el supermercado podemos encontrar maravillosos productos lácteos bajos en grasas,
tales como crema ácida, queso crema y queso cottage. Consu-
mamos los sabores y texturas a los que estamos acostumbrados,
pero sin las grasas. Yo he tenido buena suerte horneando con
estos productos, pero tenga mucho cuidado cuando los utilice
en el horno. Por ejemplo, no hierva las salsas elaboradas con
estos productos, o podrían cortarse. Cuando busque ingredientes
bajos en grasas o sin grasas en el supermercado, asegúrese de
leer las etiquetas. El significado de *bajo en grasas, bajo en calorías*

o *light* puede variar en el mismo producto de compañía a compañía.

Dado que en todo este libro cocinaremos con ajo, éstos son algunos consejos para mantener presentes:

- Escoja ajos firmes con la cubierta que parece papel intacta
- Guarde el ajo en un recipiente para ajos, esto lo mantendrá fresco
- No guarde el ajo en el refrigerador (la humedad no es buena para éste)
- Elimine el olor a ajo de sus manos frotándolas con sal o jugo de limón
- Elimine el olor a ajo de su aliento comiendo perejil o chupando una rebanada de limón

Cocinar con ajo puede ser excitante, hacer que se le haga agua la boca y es absolutamente delicioso, tal como descubrirá en este libro. Estas recetas satisfarán hasta al más exigente de los comensales, ya que combinan el tentador sabor del ajo con ingredientes bajos en calorías que no arruinan el sabor. ¡Disfrútelo!

Una nota sobre datos nutricionales:

En cada receta se ofrece un detalle por porción de calorías, proteínas, grasas, carbohidratos, fibra dietética, sodio y colesterol. Si se estipula un rango por el número de porciones o cantidad de un ingrediente, el detalle se basa en el promedio de cantidades dadas. El contenido nutricional puede variar dependiendo de marcas específicas o tipos de ingredientes usados. Los ingredientes "opcionales" o aquellos para los que no se estipula ninguna cantidad específica no están incluidos en el detalle.

1

Aperitivos

Nada es más reconfortante que invitar a algunos amigos a saborear una reconfortante bebida y un delicioso entremés que despierte las papilas gustativas de todos. Yo disfruto de planear una buena selección que deje una perdurable impresión. A veces, los resultados son tan satisfactorios que pasar a cualquier otra cosa sin estos pequeños manjares sería impensable.

Es maravilloso poder darnos el gusto de algunos aperitivos con ajo que también son tan saludables y bajos en grasas. Haga un viaje sin culpas hacia la pura dicha con las siguientes recetas.

Estos aperitivos pueden preceder a una comida completa o servirse graciosamente solos. ¡Únicamente diviértase con todo esto y disfrute!

Tortitas de vegetales

Este aperitivo se ve hermoso en un plato rodeado con una pizca de salsa de pimientos asados

Rinde entre 10 y 12 porciones

	aceite de oliva
2	tazas de zanahorias finamente rebanadas
1	ramita de tomillo
1	paquete de 250 g de espinacas congeladas, entibiadas y escurridas
450g	de champiñones picados
6	dientes de ajo picados
1	cebolla, picada
1	paquete de 250 g de corazones de alcachofa congelados, entibiados y picados
¾	de taza de sustituto de huevo
1	taza de queso cottage desgrasado
1/3	de taza de queso parmesano rallado
1	cucharada de tomillo fresco picado
1	cucharada de orégano seco
1	cucharada de albahaca
1 a 2	cucharaditas de pimienta negra
	sal al gusto

Precaliente el horno a 375°.

Engrase un molde para pay profundo con aceite de oliva. Coloque una rama de tomillo fresco en el centro del molde y cúbralo con una fina capa de zanahorias. Ponga las espinacas en un recipiente y reserve. Acitrone los champiñones, el ajo y la cebolla en el sartén con poco de aceite de oliva hasta que se evapore el agua de los champiñones. Mezcle con la espinaca. Añada todos los demás ingredientes y licúe bien. Coloque la mezcla con una cuchara sobre las zanahorias y alise. Cubra con otra capa de zanahorias. Rocíe la parte superior con aceite de oliva. Hornee hasta que el pastel esté semifirme, entre 30 y 35 minutos. Deje que se enfríe. Este pastel es igualmente sabroso cuando se sirve tibio, a la temperatura ambiente o frío. Es maravilloso solo, pero se ve y sabe aún mejor con un poco de salsa de pimientos asados.

Cada porción contiene:

79 calorías   11 g   carbohidratos
8 g proteínas   179 mg sodio
1 g grasas   4 mg colesterol
3 g fibra dietética

Pollo y frijoles en escarolas

Realmente me encanta la comida caliente y condimentada, tal es el caso del siguiente platillo. La pasta de chili se vende en la sección oriental de la mayoría de los supermercados y siempre en las tiendas de productos orientales. Es muy picante, así que utilícelo con cuidado. Si no encuentra albahaca china puede usar albahaca común, pero la primera tiene un leve sabor a anís y da un gran sabor.

Rinde 32 porciones

2	pechugas de pollo deshuesadas, sin piel y picadas
3	cebollas de verdeo, picadas
6	hojas grandes de albahaca china picadas
	sal y pimienta al gusto
6	dientes de ajo picados
2	cucharadas de menta fresca picada
2	cucharadas de aceite de ajonjolí
1	taza de alubias cocidas (vea Básicos)
1	cucharada de jengibre fresco rallado
1 ½ a 2	cucharadas de pasta de chili
¼	de taza de vinagre de arroz

¼ de taza de consomé de pollo desgrasado
3 cucharadas de salsa de soya *light*
   cilantro fresco al gusto
32 hojas de escarola (alrededor de tres cabezas)

Combine el pollo, cebolla, albahaca, sal y pimienta, ajo y menta. Sofría la mezcla de pollo en aceite de ajonjolí, un poco a la vez hasta que todo el pollo esté cocido. Coloque en un plato a medida que se cuece. Vuelva a poner la mezcla de pollo en el sartén cuando esté toda cocida y agregue las alubias, jengibre, pasta de chili, vinagre, consomé de pollo y salsa de soya. Cocine hasta que el líquido haya sido absorbido casi por completo. Agregue tanto cilantro como desee. A mí me gusta muy aromático, así que le añado bastante. Coloque una cucharada de la mezcla en una hoja de escarola y acomódelo en un platón.

Cada porción contiene:

32 calorías	2 g carbohidratos
4 g proteínas	76 mg sodio
1 g grasas	9 mg colesterol
0 g fibra dietética	

Pasta de alcachofas y chile

Rinde 16 porciones
(2 ½ cucharadas por porción)

1   taza de corazones de alcachofa en agua, escurridos y picados
¼   de taza de chiles verdes cortados en cubitos
½   pimiento rojo picado
1   cucharada de cilantro picado
1/3 de taza de tomates verdes, pelados y cortados en cubitos

6　　　dientes de ajo, picados
250 g de queso crema desgrasado
2　　　cucharadas de queso parmesano rallado
1 a 2　cucharadas de leche descremada
　　　　sal y pimienta al gusto
1　　　*baguette* de 6 pulgadas

Precaliente el horno a 375°.

Combine los primeros 10 ingredientes en un recipiente y mezcle bien. Corte el pan en dos y quite el migajón. Rellene el pan con la mezcla y vuelva a colocar la tapa. Envuelva completamente en papel aluminio y hornee 30 minutos. Cuando esté listo, quite el papel aluminio y sirva con pan rebanado, tostadas melba, triángulos de pita horneados, galletas sin grasa o triángulos de tortilla tostados.

Cada porción contiene:

24 calorías	2 g　　carbohidratos
3 g proteínas	103 mg sodio
0 g grasas	3 mg　colesterol
0 g fibra dietética	

Nota: el análisis no incluye el pan.

Pasta de queso crema con hierbas

Rinde 10 porciones
(2 ½ cucharadas por porción)

250 g de queso crema desgrasado
4　　dientes de ajo, sancochados y luego picados
1　　cucharada de cebollines frescos picados
2　　cucharadas de pimiento rojo picado

2 cucharadas de perejil picado
2 cucharaditas de perifollo seco
2 cucharaditas de estragón seco
1 cucharadita de aderezo vegetal
1 cucharadita de limón
1/8 de cucharadita de saborizante ahumado

Licúe bien y sirva con galletas, rebanadas de pan o palitos de pan.

Cada porción contiene:

29 calorías	3 g carbohidratos
5 g proteínas	265 mg sodio
0 g grasas	4 mg colesterol
0 g fibra dietética	

Dip de vegetales bajo en grasas

Este es un gran dip bajo en grasas que es delicioso servido con vegetales, rebajado y utilizado como aderezo para la ensalada de papas, o sobre una papa asada como sustituto para la crema ácida.

Rinde ocho porciones
(2 ½ cucharadas por porción)

1 taza de queso cottage
2 cucharadas de queso crema desgrasado
2 cucharadas de mayonesa *light*
2 a 3 dientes de ajo, aplastados
1 cucharada de eneldo fresco picado
2 cucharaditas de semillas de apio

½   cucharadita de mostaza en polvo
2   gotas de salsa Tabasco
1½   cucharadita de aderezo vegetal
1   cucharadita de vinagre de arroz

Licúe todos los ingredientes y enfríe.

Cada porción contiene:

42 calorías   3 g   carbohidratos
4 g proteínas   184 mg sodio
1 g grasas   4 mg   colesterol
0 g fibra dietética

Dip de acedera para vegetales

Esta es mi versión aromática del dip de espinacas común que es tan popular entre los vegetales y el pan baguette y bolillo. La acedera es una de mis favoritas y me encanta utilizarla en muchas salsas. Se encuentra fresca en muchos mercados (si no la ve pídala y se la conseguirán). Si tiene problemas para obtenerla, utilice espinaca con un poco de jugo de limón. Las hojas de acedera tienen un sabor levemente agrio o alimonado.

Rinde de 18 a 20 porciones
(2 ½ cucharadas por porción)

½ taza de hojas de acedera
½ taza de perejil
½ taza de cilantro
2 cabezas de ajo asadas (vea Básicos)
1 taza de crema ácida desgrasada

1 taza de queso cottage desgrasado
3 cucharadas de mayonesa baja en calorías
2 cucharadas de queso crema desgrasado
½ taza de castañas enlatadas picadas
   pimienta al gusto
   aderezo vegetal al gusto

Pique la acedera, perejil y cilantro en un procesador. Exprima el ajo en el procesador. Añada la crema ácida, queso cottage, mayonesa y queso crema y procese hasta que todo esté bien mezclado. Coloque en un recipiente. Añada las castañas y sazone con pimienta y sazonador vegetal. Puede servirlo con pan y vegetales, camarones, cangrejo y cubos de pan. Esta receta también es deliciosa si se le agrega 1 taza de carne de cangrejo.

Cada porción contiene:

41 calorías	5 g carbohidratos
3 g proteínas	93 mg sodio
1 g grasas	2 mg colesterol
0 g fibra dietética	

Bolitas chinas de masa

Yo utilizo una pequeña herramienta para hacer las bolitas, pues me encantan los utensilios de cocina, pero no es necesario, porque es sencillo hacer las bolitas a mano.

Rinde 30 bolitas

(1 bolita por porción)

1 paquete de tapas para wonton (a menudo llamadas tapas gyoza)

2	cucharaditas de aceite de ajonjolí
2	pechugas de pollo sin piel, deshuesadas y picadas o molidas
2	cucharadas de cebolla picada
5	dientes de ajo picado
¼	de taza de apio picado
¼	de cucharadita de jengibre fresco picado
½	taza de fideos de arroz (remojados en agua tibia y picados)
2	cucharadas de salsa de soya *light* mezclada con una cucharada de azúcar morena
2	cucharadas de vinagre de arroz
¼ a ½	cucharadita de aceite de chili
½	cucharadita de pimienta blanca
2	cucharaditas de azúcar morena
	aceite vegetal en aerosol
½	taza de caldo de pollo desgrasado
1	cucharada de salsa de soya *light*
2	dientes de ajo picados

Cueza un poco el pollo en el aceite de ajonjolí. Añada la cebolla, cinco dientes de ajo picado y el apio. Fría hasta que el apio se suavice un poco. Coloque los vegetales y el pollo en un recipiente y añada el jengibre, fideos, la mezcla de salsa de soya y azúcar morena, vinagre, aceite de chili y pimienta. Mezcle bien.

Coloque una cucharada bien llena de relleno en el centro de cada tapa wonton y doble a la mitad. Moje los bordes de la tapa wonton, apriete los bordes entre sí y pliegue. Continúe con las demás bolitas, colocándolas sobre una hoja de papel encerado, asegurándose de que no se toquen entre sí.

Ponga a hervir dos galones de agua junto con dos cucharadi tas de azúcar morena. Ponga de 8 a 10 bolitas a la vez y hierva hasta que éstas floten. Escurra bien para que no se peguen y nunca deje que el agua hierva, o sus bolitas podrían abrirse. Una vez que la bolita flote observe cuidadosamente y cueza por dos a tres minutos más.

Deje que las bolitas se enfríen y colóquelas en un sartén anti-adherente previamente engrasado o rociado con el aceite vegetal en aerosol. Añada la ½ taza de caldo de pollo. Una cucharada de salsa de soya y dos dientes de ajo picados. Cubra y cueza hasta que el líquido se haya evaporado y la parte inferior de las bolitas estén doradas. Sirva con salsa de soya *light* o mostaza picante.

Cada porción contiene:

68 calorías	10 mg carbohidratos
5 g proteínas	153 mg sodio
1 g grasas	10 mg colesterol
0 g fibra dietética	

Bocadillos mexicanos de pavo con salsa cremosa

Rinde 35 bocadillos de pavo
(un bocadillo con salsa por porción)

Salsa:

1 taza de tomates frescos cortados en cuadritos
2 cucharadas de cebolla picada

2   dientes de ajo picados
1   cucharada de cilantro picado
1   cucharada de chiles verdes picados
1   cucharadita de azúcar
¼   de taza de crema ácida desgrasada
1   cucharada de mayonesa baja en calorías
     sal y pimienta al gusto

Bocadillos de pavo:

750 g de pavo molido
½   taza de cebolla picada
5   dientes de ajo picados
¼   de taza de perejil picado
2   cucharadas de cilantro picado
2   cucharadas de pan molido
¼   de taza de avena
¼   de taza de semillas de calabaza
1   lata de 125 g de chiles picados
1   cucharadita de sal
1   cucharadita de pimienta de cayena
2   claras de huevo
     aceite vegetal en aerosol

Mezcle todos los ingredientes y enfríe. La salsa puede ser
licuada si lo desea. Rinde alrededor de 1 ¾ tazas de salsa.
   Precaliente el horno a 400°.
   Mezcle todos los ingredientes de los bocadillos de pavo y
forme albóndigas de 1 pulgada. Coloque sobre un molde para
galletas previamente rociado con aceite vegetal en aerosol y hornee
por alrededor de 30 a 40 minutos o hasta que se hayan dorado.
Sirva con salsa cremosa fresca.

Cada porción contiene:

42 calorías
4 g proteínas
2 g grasas
0 g fibra dietética

2 g   carbohidratos
112 mg sodio
14 mg   colesterol

Cangrejo en moldes de pepino

Rinde 25 moldes
(1 molde de pepino por porción)

2   pepinos largos sin semillas
2   latas de 185 g de carne de cangrejo, escurrida
2   cucharadas de cebolla de verdeo picada
2   cucharadas de pimiento rojo o amarillo picado
½   rama de apio picado
4   dientes de ajo picado
1   cucharadita de pimienta
½   cucharadita de sal
3   cucharadas de vinagre de estragón
1   cucharada de mayonesa baja en calorías

2 cucharadas de crema ácida desgrasada
    jugo de ½ limón
½ cucharadita de estragón seco
2 gotas de salsa Tabasco

Lave los pepinos y raye la parte externa con un tenedor. Córtelos en rebanadas de una pulgada. Con una cuchara para melón extraiga el centro de la rebanada de pepino, dejando intacto el fondo.

Escurra el cangrejo y colóquelo en un recipiente. Añada el resto de los ingredientes y mezcle bien. Rellene el pepino con el cangrejo y sirva.

Cada porción contiene:

17 calorías	1 g carbohidratos
2 g proteínas	118 mg sodio
0 g grasas	10 mg colesterol
0 g fibra dietética	

Camarones en tacitas de lechuga

Puede dejar los camarones enteros y servir con palillos, o picarlos, como lo hago yo, y servirlos dentro de hojas de lechuga.

Rinde seis porciones

500 g de camarones pelados y desvenados, cada camarón
    cortado en tres
2   hojas de laurel
2   rebanadas de limón
1   chile cascabel rojo, asado y pelado
2   cucharadas de jugo de limón

1   cucharada de estragón fresco
1   cucharada de albahaca fresca
3   dientes de ajo picados
½   cucharadita de pimienta
1 ½ cucharaditas de sal de apio
1   taza de yogur *light*
½   taza de leche *light* evaporada
2   cucharadas de mayonesa baja en calorías
6   hojas pequeñas del centro de una lechuga romanita o
     de hojas rojas

Añada los camarones, sal, rebanadas de limón y hojas de laurel a un litro de agua hirviendo. Cocine hasta que los camarones se pongan apenas rosas. Escurra y deseche el limón y las hojas de laurel. Inmediatamente después sumérjalos en agua fría para evitar que se sigan cocinando y escúrralos.

Coloque el pimiento en una licuadora o procesador y licúe. Añada los siguientes nueve ingredientes y vuelva a licuar. Vuelque sobre los camarones y marine en el refrigerador por lo menos dos horas. Cuando los vaya a servir, colóquelos con una cuchara dentro de las hojas de lechuga y acomode en un plato.

Cada porción contiene:

127	calorías	8 g	carbohidratos
16 g	proteínas	400 mg	sodio
3 g	grasas	98 mg	colesterol
0 g	fibra dietética		

Tortitas aromáticas de cangrejo con salsa de pimientos asados

Estas tortitas tienen una gran presentación servidas alrededor de un pimiento rojo lleno de la salsa de pimientos asados.

Rinde 15 tortitas de cangrejo
(1 tortita de cangrejo por porción)

Salsa de pimiento asado:

1	pimiento rojo asado (vea Básicos)
1/3	de taza de crema ácida desgrasada
2	cucharadas de mayonesa baja en calorías
2	cucharaditas de cilantro fresco picado
1	diente de ajo picado

Tortitas de cangrejo:

250 g	de carne de cangrejo cocida
1	cucharada de aceite de pimienta
1/3	de taza de cebollín rebanado
2	dientes de ajo picados
½	cucharadita de pimiento rojo seco
1/3	de taza de pimiento rojo cortado en cuadritos
¼	de taza de apio picado
¼	de taza de pan molido
2	claras de huevo
1	cucharada de cilantro fresco molido
	pimienta negra recién molida al gusto
1	cucharadita de sal de apio
	aceite vegetal en aerosol

Muela todos los ingredientes de la salsa en una licuadora o procesador. Rinde alrededor de ¾ de taza de salsa.

Coloque la carne de cangrejo en un recipiente. Sofría el cebollín, ajo, pimiento seco, pimiento rojo y apio en aceite por dos minutos. Añada a la carne de cangrejo. Mezcle el pan molido, claras, cilantro, pimienta negra y sal de apio. Haga pequeñas bolitas, aplane y fría utilizando el aerosol de aceite vegetal.

Cada porción contiene:

47 calorías	3 g carbohidratos
4 g proteínas	124 mg sodio
2 g grasas	16 mg colesterol
0 g fibra dietética	

Antipasto aromático

El antipasto toma un sabor diferente con esta receta. A fin de reducir las grasas, no utilizaremos el aderezo de aceite y vinagre que es el acostumbrado en el antipasto. En su lugar, los vegetales son marinados en una salmuera fuerte que le da un sabor maravilloso. En lugar del acostumbrado salami y queso que acompaña al antipasto, sírvalo con pavo y roast beef finamente rebanado. Es un aperitivo bello y delicioso. También puede agregar chiles, aceitunas y pickles al platón si lo desea.

Rinde de ocho a 10 porciones

1 taza de brócoli (cortado en pequeños racimos)
1 taza de coliflor (cortada en pequeños racimos)
2 calabazas amarillas de cuello retorcido finamente rebanadas
2 calabacitas finamente rebanadas
2 zanahorias cortadas en diagonal
½ taza de rábano finamente rebanado
½ taza de tomates chinos cortados en mitades

½	taza de pimientos rojos cortados en rajas
½	taza de pimientos amarillos cortados en rajas
½	taza de cebolla roja finamente rebanada
1	taza de agua
½	taza de azúcar
1	taza de vinagre de arroz
1	cucharada de semillas de mostaza
1	cucharada de semillas de apio
¼	cucharadita de especia para pickles
1	cucharadita de cúrcuma
1 a 2	cucharaditas de sal
8	dientes de ajo picados
2	cucharadas de perejil picado
250 g de carne de pavo normal o ahumada finamente rebanada
250 g de roast beef magro finamente rebanado

Lave y prepare todos los vegetales. Coloque el agua, azúcar, vinagre, semillas de mostaza, semillas de apio, especia para pickles, cúrcuma, sal y ajo en una olla hasta que rompa el hervor. Añada los vegetales y deje que rompa el hervor nuevamente. Retire del fuego, tape y refrigere toda la noche, moviendo los vegetales en la salsa para mezclar los sabores. Cuando esté a

punto de servir, forre un plato con lechuga y transfiera los vegetales usando una espumadera o cuchara con ranuras. Rocíe con perejil fresco. Enrolle rebanadas de pavo y roast beef y acomode encima de los vegetales en el centro del plato. Sirva con pan fresco, tostadas melba o galletas sin grasa.

Cada porción contiene:

185 calorías	22 g	carbohidratos
17 g proteínas	422 mg	sodio
4 g grasas	40 mg	colesterol
2 g fibra dietética		

Champiñones rellenos con arroz

Estos champiñones tienen un delicioso y leve sabor a nuez proveniente del arroz integral. Asegúrese de desgrasar el caldo de pollo antes de cocer el arroz. Para quitar los tallos de un champiñón, sólo sosténgalo cabeza abajo en su mano y presione el tallo cerca de la base, saltará de inmediato.

Rinde de 12 a 14 champiñones
(un champiñón por porción)

12 a 14	champiñones frescos grandes
	jugo de un limón
1	paquete de 315 g de espinacas congeladas, cocidas y escurridas
4	dientes de ajo picados
1	rama de apio picada
1	zanahoria picada
¾	de taza de arroz integral cocido en 2 tazas de caldo de pollo
1 a 1 ½	cucharaditas de pimienta recién molida

1   cucharadita de sal
1   cucharadita de orégano
2   cucharadas de albahaca fresca picada
2   claras de huevo

Precaliente el horno a 350º.
Limpie los champiñones y quite los tallos. Mójelos con un
poco de jugo de limón y deje escurrir. Mezcle todos los demás
ingredientes, excepto las claras. Bata las claras a punto de turrón,
luego añada la mezcla de arroz. Rellene cada champiñón con
abundante mezcla. Hornee a 350º durante 20 minutos, o hasta
que estén levemente dorados. Escurra sobre toallas de papel y
sirva tibios o a temperatura ambiente.

Cada porción contiene:

33 calorías	6 g	carbohidratos
2 g proteínas	352 mg	sodio
0 g grasas	0 mg	colesterol
1 g fibra dietética		

Crostini de alcachofas y tomate seco

*Esta es una maravillosa manera de usar queso de cabra. Hasta a
mis hijos (que dicen que no les gusta) les encanta.*

Rinde 25 crostinis
(un crostini por porción)

1   lata de 440 g de corazones de alcachofa en agua
½   taza de tomates secos, remojados en agua tibia y cor-
     tados en rajitas
½   cucharadita de saborizante ahumado

125 g de queso de cabra
3   dientes de ajo picados
1   cucharada de vinagre
½   cucharadita de sal
1   cucharadita de pimienta
1   cucharadita de aderezo italiano
1   baguette cortada en rebanadas de ½ pulgada

Precaliente el horno a 425°.

Escurra y pique los corazones de alcachofa. Añada el resto de los ingredientes, excepto el pan y licúe bien. No utilice un procesador para que la cubierta quede con trocitos.

Coloque alrededor de una cucharada de la mezcla sobre cada rebanada de pan y hornee hasta que comiencen a dorarse. Esto requiere alrededor de seis minutos.

Cada porción contiene:

63 calorías	9 g carbohidratos
3 g proteína	158 mg sodio
2 g grasas	4 mg colesterol
1 g fibra dietética	

Crostini de tomate y albahaca

Cuando estuve en Italia, a menudo las comimos como aperitivo. También me encantan en el almuerzo, para comerlas como sandwich.

Rinde 15 crostinis
(un crostini por porción)

3   tomates pelados y picados
1   taza de frijoles o alubias cocidas (vea Básicos)

¼ de taza de pimiento verde picado
¼ de taza de pimiento amarillo picado
3   cucharadas de cebolla roja picada
2   cucharadas de perejil picado
1   cucharada de vinagre balsámico
     sal y pimienta recién molida al gusto
1   baguette cortada en rebanadas de ½ pulgada
2   cabezas de ajo asado (vea Básicos)

Mezcle los tomates, pimientos, frijoles, albahaca, cebolla roja, perejil, vinagre, sal y pimienta.

Hornee o sofría las rebanadas de pan por ambos lados hasta que estén doradas. Unte las rebanadas de pan con el ajo asado y cubra con la mezcla de tomate.

Cada porción contiene:

86 calorías	17 g	carbohidratos
3 g proteínas	163 mg	sodio
1 g grasas	0 mg	colesterol
1 g fibra dietética		

2

Sopas

Una olla de sopa hirviendo sobre la estufa invoca cálidos y amorosos sentimientos. Las sopas también pueden ser gratificantes y creativas proezas culinarias.

Siempre digo a mis estudiantes que no deben tener miedo cuando se trata de crear sopas. Son muy sencillas de hacer y, mientras cuente con un buen consomé para empezar, es casi imposible hacer una sopa fea. La sopa es nutritiva, económica y tan versátil que puede usar muchos ingredientes distintos. La sopa es realmente divertida de preparar y, como bono extra, el aroma que llena la casa es casi tan placentero como la primera cucharada del producto terminado.

Sopa Bok Choy

Puede moler esta deliciosa y bella sopa antes de añadir los fideos, si prefiere una sopa más cremosa.

Rinde ocho porciones

1	cucharadita de mantequilla
2 ¼	tazas de agua
½	cucharada de poro picado, sólo la parte blanca
4	dientes de ajo picados
4	bok choys finamente rebanados
8	tazas de caldo de pollo desgrasado
2	papas grandes, peladas y cortadas en dados pequeños
2	cucharaditas de perifollo seco
2	cucharaditas de mejorana seca
1	zanahoria, pelada y rallada
750 g	de fideos cabellos de ángel secos
	sal y pimienta al gusto

Coloque la mantequilla y ¼ de taza de agua en una olla y cueza el poro y ajo lentamente, hasta que comiencen a dorarse. Observe cuidadosamente. Añada el bok choy, el caldo de pollo y las otras dos tazas de agua, deje que rompa el hervor. Añada las papas, perifollo, mejorana y zanahoria, deje hervir a fuego lento por 25 minutos. Añada los fideos y cueza 10 minutos más. Sazone con sal y pimienta al gusto.

Cada porción contiene:

121 calorías	20 g	carbohidratos
6 g proteínas	1,027 mg	sodio
2 g grasas	1 mg	colesterol
1 g fibra dietética		

Mi sopa favorita de champiñones

Ansío que llegue el clima frío para poder hacer esta sopa. De hecho, puede hacer esta maravillosa sopa en cualquier momento del año, pero algunas cosas parecen más apropiadas en ciertos momentos, así que a mí me gusta tomarla cuando hace frío. Es una sopa maravillosa para servir en Navidad.

Rinde 14 porciones

1	cucharada de mantequilla
3	poros, sólo la parte blanca, finamente rebanados
500 g	de champiñones finamente rebanados
½	taza de harina
1	taza de leche descremada
½	taza de vino blanco
10	tazas de caldo de pollo desgrasado
4	papas blancas peladas y cortadas en dados
1	cabeza de ajo asado (vea Básicos)
1	taza de leche evaporada *light*
2	cucharadas de hierbas finas secas (se consiguen en la sección de especias del supermercado)
2	cucharadas de jerez seco
	sal y pimienta al gusto
	cebollines frescos picados, para sazonar

Derrita la mantequilla en una olla antiadherente y sofría los poros y champiñones hasta que estén suaves. Añada la harina mientras revuelve y cueza hasta que haya desaparecido el.tono blanco de la harina. Añada la leche descremada y revuelva hasta que quede suave. Añada el vino y el caldo y siga revolviendo hasta que no queden grumos. Añada las papas, cubra y hierva a fuego lento por 45 minutos.

Cuando el ajo esté asado, exprímalo dentro de un procesador o licuadora y mézclelo con la leche evaporada, hierbas finas y jerez seco. Licúe bien. Añada a la sopa. No permita que la sopa hierva una vez que haya añadido la leche evaporada. Deje cocer por cinco minutos a fuego lento. Sazone con sal y pimienta al gusto y utilice los cebollines para decorar los platos.

Cada porción contiene:

125 calorías	19 g carbohidratos
6 g proteínas	761 mg sodio
3 g grasas	5 mg colesterol
1 g fibra dietética	

Sopa de zanahorias y calabacitas

Rinde 12 porciones

    aceite vegetal en aerosol sabor mantequilla
10 tazas de caldo de pollo desgrasado
2 tazas de zanahorias en daditos
2 tazas de calabacitas en daditos
2 pastinacas en daditos
2 poros, las partes blancas solamente, finamente rebanados
1 cabeza de ajo asada (vea Básicos)
½ cucharadita de cilantro picado
1 cucharadita de romero aplastado
¼ de taza de perejil fresco picado
1 taza de arroz blanco crudo (opcional)
    sal y pimienta al gusto
    aceite vegetal al gusto

Sofría las zanahorias, calabacitas, pastinacas y poros en aceite vegetal en aerosol sabor mantequilla y tres cucharadas del caldo de pollo. Cueza hasta que los vegetales se ablanden. Exprima el ajo asado en la misma olla y añada el caldo restante, cilantro, romero y perejil. Agregue ahora el arroz si lo desea. Deje hervir la sopa a fuego lento durante 45 minutos. Sazone con sal, pimienta y sazonador vegetal. Cueza por 5 minutos más para que se mezclen los sabores.

Cada porción contiene:

68	calorías	11 g	carbohidratos
4 g	proteínas	848 mg	sodio
1 g	grasas	0 mg	colesterol
2 g	fibra dietética		

Sopa de pollo con vegetales

*Asar los ingredientes para esta sopa da al caldo
un maravilloso y rico sabor.*

Rinde 12 porciones

Caldo:

1 pollo de 1 ½ a 2 kg cortado en piezas
3 zanahorias cortadas en mitades
4 ramas de apio con hojas
2 cebollas con cáscara, cortadas en mitades
2 papas grandes peladas y cortadas en cuartos
2 poros grandes, la parte blanca solamente, cortados en rebanadas
5 tomates grandes pelados y cortados en dados grandes
8 dientes de ajo grandes picados
½ rama de perejil fresco
6 granos de pimienta enteros
3 tazas de jugo de vegetales

Sopa:

2 zanahorias cortadas en daditos
2 tallos de perejil cortados en daditos
¾ de taza de calabacitas cortadas en daditos
125 g de ejotes cortados en daditos
½ taza de chícharos
125 g fideos crudos
1 cucharadita de mejorana seca
½ cucharadita de tomillo seco
sal y pimienta al gusto
perejil picado para decorar

Precaliente el horno a 350°.

Coloque todos los ingredientes del caldo en una asadera y ase por 1 hora. Luego coloque todos los ingredientes asados en una olla y cubra con agua. Deje hervir a fuego lento durante 1 ½ horas. Cuele y refrigere para desgrasar el caldo (vea Básicos).

Deshuese el pollo y corte la carne en dados. Muela las papas y zanahorias. Cueza hasta que los vegetales y fideos estén cocidos. Rocíe con perejil y sirva.

Cada porción contiene:

205 calorías	28 g carbohidratos
18 g proteínas	308 mg sodio
3 g grasas	53 mg colesterol
3 g fibra dietética	

Sopa de pimiento rojo y amarillo

Rinde ocho porciones

2 pimientos rojos asados y pelados (vea Básicos)
2 pimientos amarillos asados y pelados
5 tomates pelados y cortados en daditos
2 cucharadas de cebolla picada
   aceite vegetal en aerosol
¼ de taza de albahaca fresca picada
1 cabeza de ajo asada (vea Básicos) y exprimida
3 tazas de caldo de pollo desgrasado
   sal y pimienta al gusto
½ taza de leche evaporada *light*
   crema ácida desgrasada (opcional)

Ase y pele los pimientos de acuerdo con las instrucciones de la sección Básicos de este libro. Corte en dados los pimientos y tomates. Acitrone la cebolla en aceite vegetal en aerosol hasta que se suavice. Coloque los pimientos, cebollas, tomates, albahaca, ajo asado y caldo en una olla. Hierva a fuego lento por 30 minutos. Muela los ingredientes en una licuadora o procesador. Vuelva a verter en la olla y cueza 10 minutos más. Si desea una sopa más espesa, puede lograrlo con una mezcla de agua y *maranta*. Sazone con sal y pimienta y vierta la leche evaporada mientras revuelve. Cueza a fuego lento por 5 minutos más.

Cada porción contiene:

68 calorías	11 g	carbohidratos
4 g proteínas	415 mg	sodio
1 g grasas	3 mg	colesterol
2 g fibra dietética		

Cioppino

Cioppino es la sopa favorita de mi familia en invierno.
Esta versión es saludable y baja en calorías.
En una bella sopera con las grandes patas de cangrejo
sobresaliendo, se ve apetitosa y perfecta.

Rinde 10 porciones

1	sopa de pimiento amarillo y rojo
1	botella de 240 ml de jugo de almeja
750 g	de pescado (bacalao, hipogloso o robalo) cortado en trozos de 1 pulgada
500 g	de camarones, pelados y desvenados
10	almejas en su concha
250 g	de escalopas
4 a 5	patas de cangrejo (de 500g a 750 g)

Haga la sopa de pimientos amarillos y rojos, añadiendo el jugo de almejas a la receta y omitiendo la leche evaporada. Añada el pescado y cueza por 4 minutos. Agregue los camarones, almejas, escalopas y patas de cangrejo. Cueza tapado hasta que se abran las almejas, alrededor de 5 minutos. Deseche las almejas que no se hayan abierto. Esta sopa es buena servida con una *baguette* para mojar en la suculenta sopa.

Cada porción contiene:

202 calorías	9 g carbohidratos
34 g proteínas	691 mg sodio
3 g grasas	130 mg colesterol
1 g fibra dietética	

Gazpacho

Se sirve helado y es un viejo favorito para los calurosos meses de verano. Es delicioso hecho con jugosos tomates caseros. Si no puede encontrar buenos tomates maduros, es posible que desee agregar un poco de agua a la sopa. Esta sopa puede dejarse con trocitos, es la manera que me gusta, o puede molerla parcialmente.

Rinde 10 porciones

4	tomates grandes, pelados y picados
1	pepino grande, pelado, sin semillas y cortado en dados
1	cebolla morada mediana, finamente picada
½	pimiento verde, finamente picado
½	pimiento amarillo finamente picado
½	taza de rábano en daditos
2	tallos de apio picados
1	cucharada de cebollín en rebanadas finas
1	cucharada de perejil fresco picado
1	cucharadita de estragón seco
2	cucharadas de aceite de oliva
2	cucharadas de albahaca fresca picada
2	tazas de jugo de tomate
2	cucharadas de vinagre balsámico
5	dientes de ajo picados
1	cucharada de salsa Worcestershire
2 a 3	gotas de salsa picante
	sal y pimienta recién molida al gusto

Combine todos los ingredientes y refrigere. Puede ser servida con un poco de yogur desgrasado o crema ácida *light* como aderezo.

Cada porción contiene:

66 calorías   10 g   carbohidratos
2 g proteínas   201 mg sodio
3 g grasas   0 mg   colesterol
2 g fibra dietética

Sopa de elote

Si está siguiendo una dieta baja en grasas y sodio y desea sabor a jamón, sustituya el hueso de jamón por dos cucharaditas de saborizante ahumado.

Rinde 10 porciones

1   cucharadita de mantequilla
2   cucharadas de agua
1   cebolla grande picada
5   dientes de ajo picados
1   poro, sólo la parte blanca, finamente rebanado
½   taza de zanahoria rallada
¼   de taza de apio picado
7   elotes
2   tomates pelados, sin semillas y picados
4   papas grandes, peladas y cortadas en daditos
6   tazas de caldo de pollo desgrasado
1   taza de vino blanco
1 ½ cucharaditas de tomillo seco
2   cucharadas de cilantro fresco picado
1   hueso grande de jamón o dos cucharaditas de saborizante ahumado (opcional)
1 ½ tazas de leche evaporada *light*
      sal, pimienta y salsa Tabasco al gusto

En una olla, acitrone la cebolla, ajo, poro, zanahoria y apio en la mantequilla y dos cucharadas de agua. A medida que se evapore el agua, la cebolla se dorará. Vigile cuidadosamente. Añada los elotes, tomates, papas, caldo de pollo, vino, tomillo, cilantro fresco y hueso de jamón, si lo desea. Hierva a fuego lento por 1 ½ horas. Extraiga los elotes y hueso de jamón. Desgrane los elotes y añada al caldo. Extraiga todo el jamón que pueda del hueso y agregue a la sopa. En este momento puede moler los sólidos de la sopa o dejarla como está. Agregue la leche evaporada, sal, pimienta y salsa Tabasco al gusto. Hierva a fuego lento por 15 minutos más. Puede espesar la sopa con fécula de maíz y agua si lo desea.

Cada porción contiene:

186 calorías	34 g	carbohidratos
9 g proteínas	659 mg	sodio
3 g grasas	7 mg	colesterol
4 g fibra dietética		

Sopa de acederas

Yo compro las acederas cuando es la temporada, las pico y las congelo. Si no puede conseguirlas, sustitúyalas con 250 g de espinaca y dos cucharadas de jugo de limón, pero lo original es lo mejor. La acedera es una maravillosa hierba, con sabor ácido y muchas tiendas se la conseguirán si usted la pide.

Rinde 12 porciones

3 poros grandes, la parte blanca solamente, rebanados
2 cucharadas de cebollines picados
6 dientes de ajo picados

8   tazas de caldo de pollo desgrasado
250 g de acederas, finamente cortadas
½   cabeza de col blanca, finamente rebanada
1   taza de berros picados
½   taza de perejil picado
1   atado de espinaca picada
1   taza de chícharos frescos
4   papas hervidas peladas y cortadas en daditos
1   cucharada de perifollo seco
1   cucharadita de mejorana seca
2   tazas de agua
      sal al gusto y mucha pimienta recién molida
1   taza de leche evaporada *light*

En una olla grande acitrone los poros, perifollos y ajos en 1/3 del caldo de pollo. Observe cuidadosamente y añada un poco más de caldo si es necesario, hasta que los poros estén suaves. Añada la acedera, col, berro, perejil, espinaca, chícharos, papas, perifollo, mejorana y el resto del caldo de pollo a la olla y hierva a fuego lento por 40 minutos. Muela todos los ingredientes y regrese a la olla. Sazone con sal y pimienta. Añada la leche evaporada. Cueza por 10 minutos más.

Cada porción contiene:

119 calorías	21 g	carbohidratos
7 g proteínas	709 mg	sodio
2 g grasas	3 mg	colesterol
2 g fibra dietética		

Minestrone

Puede sustituir cualquiera de las verduras o frijoles de esta receta por sus ingredientes favoritos. Si le gusta el minestrone muy espeso, muela los frijoles antes de añadirlos a la sopa.

Rinde 14 porciones

1	cucharada de aceite de oliva
½	taza de cebolla picada
5	dientes de ajo picados
2	tallos medianos de apio picados
3	papas grandes peladas y cortadas en dados
5	tomates pelados y picados
10	tazas de caldo de res desgrasado
2	calabacitas grandes cortadas en dados
1	taza de espinacas frescas picadas
½	col, finamente rebanada
1	paquete de 315 g de habas
½	cucharadita de albahaca seca
½	cucharadita de orégano seco
1	cucharadita de mejorana seca
1	lata de 330 g de alubias, escurridas
1	lata de 330 g de frijoles, escurridos
½	taza de fideos caracol
¼	de taza de vino blanco
¼	de taza de perejil fresco picado
	sal y pimienta al gusto
2 ½	cucharadas de queso parmesano rallado

En una olla acitrone la cebolla, ajo, zanahorias y apio en aceite de oliva. Cueza hasta que las cebollas y el ajo cambien de color. Agregue las papas, tomates y caldo de res y hierva a fuego lento durante una hora. Añada las calabacitas, espinaca, col, habas, hierbas secas, frijoles, alubias, fideos, vino y perejil, y cueza hasta que la pasta y los vegetales estén cocidos, de 12 a 15 minutos. Añada sal y pimienta al gusto y sirva con queso parmesano.

Cada porción contiene:

159 calorías	27 g	carbohidratos
8 g proteínas	759 mg	sodio
3 g grasas	1 mg	colesterol
6 g fibras dietéticas		

Sopa de papa y ajo

Una suculenta y deliciosa sopa. Mis estudiantes de cocina la gruñeron cuando la mencioné por primera vez debido a la gran cantidad de ajo, pero ahora es una receta favorita que me piden que haga una y otra vez.

Rinde 10 porciones

2 cabezas de ajo asadas (vea Básicos)
3 poros, la parte blanca solamente, finamente rebanados
   aceite vegetal en aerosol
8 tazas de caldo de pollo desgrasado
4 papas grandes, peladas y picadas
1 taza de leche descremada
   sal y pimienta al gusto
2 cucharadas de mantequilla (opcional)

Ase los ajos de acuerdo a las instrucciones en Básicos. Acitrone los poros en una olla rociados con el aceite en aerosol hasta que estén suaves. Añada el caldo de pollo y las papas y cueza por 20 minutos, hasta que las papas estén tiernas. Muela la mezcla en una licuadora o procesador. Regrese a la olla y exprima las cabezas de ajo en la sopa. A fuego lento, caliente hasta que el ajo esté completamente mezclado. Añada la leche. Sazone con sal y pimienta al gusto y cueza por 5 minutos más. Añada la mantequilla opcional si prefiere un sabor más suculento.

Cada porción contiene:

124 calorías
6 g proteínas
2 g grasas
1 g fibra dietética

23 g   carbohidratos
845 mg sodio
0 mg   colesterol

Sopa de papas, poros y alcachofas

Si desea una sopa más espesa, puede espesar ésta (o cualquier otra sopa molida) con un poco de maranta o fécula de maíz y agua. También puede dejar esta sopa con trocitos de los ingredientes si no le gustan las sopas molidas.

Rinde seis porciones

2   cucharadas de mantequilla
6   tazas de caldo de pollo desgrasado
1   paquete de 315 g de corazones de alcachofa picados, u ocho alcachofas frescas crudas, sólo los corazones, picados
1   cebolla amarilla grande picada
2   poros, la parte blanca solamente, finamente rebanados
½   taza de apio finamente rebanado
6   dientes de ajo picados
3   papas blancas grandes, peladas y cortadas en dados
1   taza de puré de papa
     sal al gusto
½   cucharadita de pimienta blanca

sazonador vegetal al gusto
2 cucharadas de brandy

Derrita la mantequilla con tres tazas del caldo de pollo en una olla grande. Añada las alcachofas, cebolla, poros, apio y ajo. Cueza hasta que las cebollas y poros estén suaves. Añada las papas y el caldo restante y cueza hasta que éstas (y las alcachofas, si son frescas) estén listas. Añada el puré de papas. Sazone con sal y pimienta. Agregue el sazonador vegetal al gusto. Caliente lentamente y añada el brandy, revolviendo bien. Cueza a fuego lento por 15 minutos más.

Cada porción contiene:

195 calorías	33 g	carbohidratos
7 g proteínas	1,042 mg	sodio
3 g grasas	3 mg	colesterol
5 g fibra dietética		

Sopa Wonton

Puede atar los bollitos de wonton con cebollines, como lo hago en la receta, o los puede doblar al medio y presionar para unir.
Me gusta hacer esta sopa en Navidad porque los pequeños bollos parecen regalos.

Rinde 10 porciones

10 tazas de caldo desgrasado de carne hecho en casa (vea Básicos), usando los pechos que se indican debajo para hacerlo

750 g de pechos, sin grasa

1 paquete de 315 g de espinaca congelada, cocida y escurrida

6 dientes de ajo picados
  sal y pimienta al gusto
1 paquete de 375 g de envolturas wonton
1 clara mezclada con una a dos cucharadas de agua
1 paquete de cebollines

Asegúrese de desgrasar el caldo de res. Pique finamente el pecho usado para hacer el caldo, a mano o en un procesador. Colóquelo junto con la espinaca, ajo, sal y pimienta en un recipiente y mezcle bien. Añada dos cucharadas de la mezcla a cada envoltura wonton. Pase un pincel con la mezcla de clara de huevo por la envoltura. Doble y cierre y presione los bordes para que se peguen. Ate cada wonton con un cebollín que haya sido previamente sumergido en agua hirviendo. Continúe hasta que tenga tantos wontons como desee. Caliente el caldo y deje que rompa el hervor. Baje el fuego al mínimo y agregue los wontons. Deje cocer lentamente hasta que los wontons floten sobre el caldo y luego deje cocer por 2 minutos más. Coloque dos o tres wontons en cada plato y vierta un poco de caldo.

Cada porción contiene:

185	calorías	23 g	carbohidratos
14 g	proteínas	1,074 mg	sodio
4 g	grasas	24 mg	colesterol
1 g	fibra dietética		

3

Ensaladas

L as ensaladas se han convertido en una parte importante del
menú. En la actualidad, con nuestra sociedad dietéticamente
consciente, a menudo se ven como el platillo principal, en lugar
de la insignificante guarnición que solían ser. Con la variedad de
frutas y verduras frescas que se consiguen en el mercado hace
posible elaborar ensaladas fenomenales. Dejemos atrás la aburrida
y solitaria lechuga y las ensaladas comunes. En su lugar podemos
elaborar combinaciones espectaculares con aderezos light y muy
saludables.

La mayor parte de las calorías y grasa de la ensalada suelen
provenir del aderezo. Aquí encontrará aderezos con hierbas
frescas, especias y otros ingredientes bajos en grasa para dar
mayor sabor.

Todas las ensaladas que se incluyen en el presente capítulo
pueden ser saboreadas con muy poca o ninguna culpa. Los
ingredientes de una buena ensalada deben ser frescos, fríos y
diversos para que sea apetitosa. Dedique un tiempo en la sección
de vegetales de su supermercado e invente sus propias combinaciones favoritas.

Ensalada oriental suprema

¡Qué maravillosa presentación tiene esta colorida ensalada! También es una gran manera de utilizar el pollo sobrante.

Rinde ocho porciones

1   taza de col, finamente rebanada
1   taza de espinaca, finamente cortada
2   tazas de pechuga de pollo deshebrada
½   taza de zanahoria rallada
1/3 de taza de daikon rallado
½   pimiento rojo, en rajas
1   cucharada de cebolla verde finamente rebanada
½   taza piña finamente picada
1   cucharada de aceite de ajonjolí
2   cucharadas de salsa de soya
1/3 de taza jugo de piña
1   cucharada de miel
4   dientes de ajo picados
1/3 de taza yogur *light*
1   cucharada de mayonesa baja en calorías
1   cucharadita de semillas de apio
     sal y pimienta al gusto
2   cabezas de radicha para adornar

Mezcle la col, espinaca, pollo, zanahoria, daikon, pimiento, cebolla verde y piña en una ensaladera. Licúe los demás ingredientes (excepto la radicha) y vierta sobre la ensalada. Coloque con una cuchara sobre las hojas de radicha.

Cada porción contiene:

121	calorías	9 g	carbohidratos
13 g	proteínas	314 mg	sodio
4 g	grasas	31 mg	colesterol
1 g	fibra dietética		

Ensalada mixta

Una bella ensalada para servir en la mesa de un bufete.
Los vegetales deben estar bien fríos.

Rinde 12 porciones

1	pimiento verde en rajas
1	pimiento amarillo en rajas
1	pimiento rojo en rajas
½	taza de champiñones rebanados
2	calabacitas rebanadas
2	tomates cortados en seis
1	pepino sin semillas, en tiritas
1	rábano finamente rebanado
2	zanahorias, finamente rebanadas en diagonal
1	jícama en tiras delgadas
1	cebolla morada pequeña, finamente rebanada
6	dientes de ajo picados
2	cucharadas de aceite de ajonjolí
1/3	de taza vinagre de arroz
2	cucharadas de salsa de soya
1/3	taza jugo de naranja
1 a 2	cucharadas de pimiento rojo seco
2	cucharadas de perejil fresco picado
1	cucharada de orégano fresco picado
3	cucharadas de azúcar
	sal de apio al gusto
	pimienta recién molida al gusto

Prepare todos los vegetales. Coloque los primeros 12 ingredientes en un recipiente. Ponga los demás en una licuadora o procesador y licúe bien. Mezcle los vegetales con el aderezo.

Cada porción contiene:

78 calorías	13 g carbohidratos
2 g proteínas	184 mg sodio
3 g grasas	0 mg colesterol
2 g fibra dietética	

Ensalada de pollo y alubias con aderezo cremoso de limón

Esta ensalada de pollo es atractiva y de brillantes colores. A menudo uso cortadores de galleta para cortar los vegetales de la ensalada en lindas formas. Esto siempre genera sonrisa. Por ejemplo, corto los pimientos para esta receta en pequeñas estrellas.
Uso un pequeño aparato italiano para rebanar el ajo asado de esta receta; ralla y rebana el ajo.

Rinde seis porciones

Ensalada:

6   mitades de pechuga de pollo deshuesadas, sin piel y aplanadas
½   taza de yogur *light*
2   cucharadas de leche *light*
1   taza de pan molido
½   cucharadita de sal
1   cucharadita de pimienta
1   cucharadita de estragón fresco picado
4   dientes de ajo picados
½   cucharadita de sal de apio
125 g de alubias
6   tazas de lechugas de diferentes tipos
12   tomates chinos cortados en mitades

1 pimiento amarillo en tiras finitas o cortados en estrellitas
  aceite vegetal en aerosol
3 dientes de ajo cortados en tiritas y asados (vea Básicos)

Aderezo:

1 cucharada de perejil picado
2 cucharaditas de estragón fresco picado
½ cucharadita de mostaza en polvo
3 cucharadas de jugo de limón
2 cucharadas de aceite de oliva
2 cucharadas de crema ácida *light*
1 cucharadita de azúcar
  sal y pimienta al gusto

Precaliente el horno a 375°.

Prepare las pechugas de pollo. Mezcle el yogur y la leche y coloque en un recipiente. Combine el pan molido, sal, pimienta, estragón, ajo picado y sal de apio en un plato extendido. Moje el pollo en la mezcla de yogur y luego sobre el pan molido. Coloque el pollo sobre un molde para galletas rociada con aceite vegetal en aerosol. Hornee por 35 minutos o hasta que estén doradas pero jugosas. Saque el pollo y deje enfriar.

Dejando intactas las pechugas de pollo, córtelas en rebanadas de ½ pulgada. Acomode las pechugas sobre las lechugas y decore con tomates chinos, pimientos y rebanadas de ajo asado.

Muela todos los ingredientes del aderezo en una licuadora. Vierta el aderezo sobre la ensalada o sírvalo a un lado.

Cada porción contiene:

297	calorías	23 g	carbohidratos
33 g	proteínas	639 mg	sodio
8 g	grasas	69 mg	colesterol
3 g	fibra dietética		

Ensalada cítrica suprema

El invierno es la época perfecta para una increíble ensalada cítrica.
El ajo del aderezo añade una pequeña chispa que creo que le
agradará. Recuerde que el aguacate adicional tiene un alto contenido
de grasa.

Rinde ocho porciones

1/3	de taza de jugo de toronja
1	cucharada de jalea de granada o de frambuesa sin semillas
1	cucharada de miel
1	cucharada de mayonesa, baja en calorías
1	cucharada de crema ácida *light*
2	dientes de ajo picados
1	cucharadita de sal de apio
1	lechuga
1	toronja pelada y rebanada en rodajas
2	naranjas peladas y rebanadas en rodajas
3	kiwis pelados y rebanados en rodajas
2	rebanadas de piña finamente cortadas (opcional)
½	taza de semillas de granada
1	aguacate pelado y rebanado (opcional)

Coloque los primeros ocho ingredientes en una ensaladera y mezcle con un tenedor. Refrigere al menos 1 hora.

Cubra un plato con lechuga. Acomode la toronja, naranjas, kiwis y piña formando círculos sobre la lechuga. Si utiliza aguacate, coloque las rebanadas artísticamente alrededor del plato. Mezcle los ocho ingredientes del aderezo frío nuevamente y vierta sobre la fruta.

Cada porción contiene:

86	calorías	19 g	carbohidratos
2 g	proteínas	97 mg	sodio
1 g	grasas	1 mg	colesterol
2 g	fibra dietética		

Ensalada de frutas con nueces aromáticas

Estas nueces con ajo azucaradas añaden un interesante toque a esta ensalada de fruta.

Rinde 12 porciones

2   latas de 535 g de fruta para coctel escurridas
2   latas de 470 g de mandarinas escurridas
1   piña fresca pelada y cortada en daditos
2   manzanas rojas, sin pelar, cortadas en dados
2   peras firmes, sin pelar, cortadas en dados
4   dientes de ajo picados
    aceite vegetal en aerosol sabor mantequilla
¼   de taza de azúcar
¾   de nueces partidas
2   tazas de malvaviscos miniatura
2   tazas de crema ácida *light*
1   lechuga francesa

Mezcle la fruta enlatada y la fresca en una ensaladera. Sofría el ajo en el aceite vegetal en aerosol sabor mantequilla. Añada azúcar al sartén y deje que el azúcar comience a acaramelarse. Añada las nueces y mezcle bien. Saque sobre un papel encerado. Cuando se enfríen pique y añada a la ensalada. Agregue los malvaviscos y la crema ácida a la ensalada. Sirva en una ensaladera llena de lechuga francesa.

Cada porción contiene:

278 calorías	57 g	carbohidratos
5 g proteínas	42 mg	sodio
5 g grasas	0 mg	colesterol
3 g fibra dietética		

Ensalada de pasta con vegetales asados

Rinde nueve porciones

½	pimiento amarillo
½	pimiento verde
½	pimiento rojo
2	calabacitas cortadas en cuatro partes a lo largo
4	cebollas de verdeo, con la parte inferior cortada
5	cucharadas de aderezo italiano *light* embotellado
250 g	de fideos tirabuzón cocidos y enfriados en agua, colados
7	dientes de ajo, cortados en finas tiras y asados (vea Básicos)
1	cucharada de aceite de oliva virgen
3	cucharadas de vinagre de arroz
7	hojas grandes de albahaca fresca, finamente cortadas

2 cucharaditas de sazonador vegetal
  sal y pimienta recién molida al gusto
1 lechuga romana, finamente cortada

Precaliente el horno a 300°.

Ponga los pimientos, calabacita y cebolla de verdeo en un recipiente. Mezcle con el aderezo italiano. Ase los vegetales, rociando con el aderezo que quedó en el recipiente, hasta que éstos estén apenas dorados y marcados por la parrilla. No deje que se ablanden demasiado. Quítelos del fuego y corte en dados. Coloque los vegetales y la pasta cocida en un recipiente y mezcle.

Añada el ajo asado a la pasta. Mezcle todo con aceite de oliva y vinagre de arroz. Añada la albahaca y sazone con aderezo vegetal, sal y mucha pimienta recién molida. Sirva inmediatamente con un poco de lechuga romanita finamente cortada.

Cada porción contiene:

164 calorías	30 g carbohidratos
6 g proteínas	194 mg sodio
2 g grasas	0 mg colesterol
3 g fibra dietética	

Ensalada de pasta y cangrejo

Rinde ocho porciones

2   cabezas de ajo asado (vea Básicos)
¼   de taza de mayonesa baja en calorías
2   cucharadas de crema ácida *light*
2 a 3 cucharadas de vinagre
2   cucharaditas de azúcar
1   cucharada de estragón fresco

1   cucharada de eneldo fresco
1   cucharada de perejil fresco
1   cucharadita de aderezo vegetal
      sal y pimienta recién molida al gusto
250 g pasta seca (por ejemplo coditos), cocida y escurrida
½   taza de pimiento amarillo cortado en cuadritos
2   cucharadas de cebolla de verdeo picada
1   tomate grande, en cuadritos
½   taza de carne de cangrejo cocida
1   zanahoria rallada
¼   de taza de aceitunas negras en rajitas (opcional)

Ase el ajo y exprima en una licuadora o procesador. Añada la mayonesa, crema ácida, vinagre, azúcar, hierbas frescas, aderezo vegetal y sal y pimienta al gusto. Mezcle bien.

Mezcle la pasta con el pimiento, cebolla de verdeo, tomate, cangrejo, zanahorias (y aceitunas, si lo desea). Mezcle con aderezo y corrija el sabor si es necesario.

Cada porción contiene:

181 calorías	32 g	carbohidratos
7 g proteínas	106 mg	sodio
3 g grasas	12 mg	colesterol
1 g fibra dietética		

Ensalada de apio, zanahoria y pepino

Rinde seis porciones

1 apio grande (de alrededor de 625 g)
  jugo de un limón mezclado con tres tazas de agua
½ taza de crema ácida *light*

2   cucharadas de mayonesa baja en calorías
2   cucharadas de vinagre de arroz
3   dientes de ajo picados
1   cucharadita de sal de apio
1   cucharadita de eneldo fresco picado
1   cucharadita de tomillo fresco picado
1   cucharadita de estragón fresco picado
½ cucharadita de pimienta
2   zanahorias peladas y cortadas en rajitas
1   pepino inglés grande, sin semillas y cortado en rajitas
1   lechuga
     cebollines frescos, picados para adornar

Pele el apio con un cuchillo afilado y corte en tiras finas. Coloque inmediatamente dentro de la mezcla de limón y agua. Mezcle los siguientes nueve ingredientes para hacer el aderezo.

Mezcle el apio, zanahoria y pepino. Vierta el aderezo sobre los vegetales, mezcle bien y refrigere al menos dos horas. Cuando vaya a servir, coloque hojas de lechuga sobre un platón y acomode la ensalada en el centro de la lechuga. Rocíe con cebollines frescos y sirva.

Cada porción contiene:

90 calorías	16 g	carbohidratos
4 g proteínas	244 mg	sodio
2 g grasas	2 mg	colesterol
2 g fibra dietética		

Ensalada de papas con aderezo de salsa

Rinde 10 porciones

1   taza de queso cottage desgrasado
½ taza de yogur *light*

½ a ¾   de taza de salsa de tomate (para ajustarse a su gusto)
1   cucharada de estragón fresco picado
3   dientes de ajo picados
2   cucharadas de vinagre de estragón
         sal y pimienta al gusto
1 ½ kg   de papas criollas, cocidas hasta que estén tiernas y
         refrigeradas
1   zanahoria rallada
½   taza de apio cortado en cuadritos
1/3   de taza de cebolla morada picada
1/3   pimiento verde picado
¼   rábano finamente picado
         cilantro fresco para decorar

En una licuadora o procesador mezcle el queso cottage, yogur, salsa, estragón, cilantro, ajo y vinagre. Añada sal y pimienta al gusto.

Corte las papas y colóquelas, junto con los ingredientes restantes, en un recipiente. Vierta el aderezo y mezcle cuidadosamente. Refrigere antes de servir. Rocíe un poco de cilantro para decorar.

Cada porción contiene:

148 calorías	30 g	carbohidratos
6 g proteínas	199 mg	sodio
0 g grasas	2 mg	colesterol
3 g fibra dietética		

Ensalada de col roja y verde

¡Qué hermoso platillo para un bufete de Navidad!

Rinde 10 porciones

2 tazas de col blanca, finamente cortada
2 tazas de col roja, finamente cortada

½ taza de apio en finas tiras
¼ de cebolla morada picada
1 pepino sin semillas cortado en tiras finitas
½ taza de crema ácida light
2 cucharadas de mayonesa baja en calorías
½ cucharadita de mostaza de Dijon
2 cucharadas de vinagre de arroz
1 cucharadita de semillas alcaravea
2 cucharaditas de azúcar
   sal y pimienta al gusto
6 dientes de ajo finamente rebanados y asados (vea Básicos)

En un recipiente grande combine la col, apio, cebolla morada
y pepino. Mezcle la crema ácida, mayonesa, mostaza, vinagre,
semillas de alcaravea y azúcar. Sazone con sal y pimienta al gusto
y mezcle bien. Añada las rebanadas de ajo asado y revuelva bien.
Enfríe al menos una hora para mezclar los sabores.

Cada porción contiene:

40 calorías	6 g	carbohidratos
2 g proteínas	155 mg	sodio
1 g grasas	1 mg	colesterol
1 g fibra dietética		

Ensalada de espinaca y champiñones con aderezo cremoso de ajo

*Corte los vegetales muy finamente (si tiene un procesador de
alimentos, use el disco N° 2).*

Rinde cuatro porciones

Ensalada:
4 tazas de espinaca lavada y cortada en trozos con las manos

1 taza de champiñones, finamente rebanados
½ taza de rábano, finamente rebanado
¼ de taza de cebolla morada, finamente rebanada

Aderezo:

½   de taza de yogur *light*
2   cucharadas de mayonesa baja en calorías
1   cucharada de concentrado de jugo de naranja congelado
1/8   cucharadita de saborizante ahumado
4   dientes de ajo, blanqueados y cortados en finas tiras
1   cucharadita de semillas de apio
1   cucharadita de salsa de soya *light*
1   cucharadita de azúcar
½   cucharadita de estragón seco
    Sal y pimienta recién molida al gusto

Divida la espinaca en cuatro platos. Mezcle el resto de los ingredientes en un recipiente.

Licúe todos los ingredientes de aderezo. Vierta con una cuchara sobre la espinaca.

Cada porción contiene:

81 calorías	12 g carbohidratos
4 g proteínas	176 mg sodio
3 g grasas	3 mg colesterol
2 g fibra dietética	

4

Vegetales

Podemos reducir el contenido de grasa en nuestra dieta y ser comensales más saludables al hacer de los vegetales una parte importante de nuestra dieta. El ajo brinda sabor y beneficios óptimos a una comida de por sí saludable. Una visita al mercado local puede darle muchas ideas, hay una gran variedad disponible en la actualidad.

Los vegetales no deben ser cocidos hasta que se deshagan. Al combinar colores y texturas maravillosas con métodos de cocción rápida, puede lograr que los vegetales destaquen en el plato de la cena. Algunas de estas recetas, tales como las calabacitas rellenas y las alcachofas horneadas, constituyen una maravillosa comida de un platillo que es genuinamente satisfactoria.

Ejotes y pimientos rojos

Este platillo se ve hermoso en un bufete navideño.

Rinde seis porciones

750 g de ejotes cocidos
¼   de taza de cebolla picada
5   dientes de ajo picados
½   taza de caldo de pollo desgrasado
1   pimiento rojo grande, asado (vea Básicos)
1   cucharadita de mantequilla
      aceite vegetal con sabor a mantequilla en aerosol
2   pimientos rojos cortados en rajitas
      sal y pimienta al gusto

Cueza los ejotes y reserve. Cueza lentamente la cebolla y el ajo en el caldo de pollo hasta que éste se evapore. Muela la mezcla de cebolla, pimiento asado y mantequilla. En un sartén antiadherente rociado con el aceite vegetal en aerosol acitrone el pimiento cortado en rajitas por dos minutos. Añada los ejotes y la mezcla molida y cueza hasta que los ejotes estén calientes. Sazone con sal y pimienta al gusto.

Cada porción contiene:

58 calorías	11 g	carbohidratos
3 g proteínas	97 mg	sodio
1 g grasas	2 mg	colesterol
3 g fibra dietética		

Cebollas y champiñones

Un platillo maravillosamente aromático que se disfruta más si se
acompaña con carne, pescado o pollo asados.

Rinde seis porciones

500 g	de cebollas pequeñas
500 g	de champiñones pequeños enteros
1	tomate pelado y picado
6	dientes de ajo, pelados y enteros
1	taza de vino tinto
¾	de taza de caldo de res desgrasado
2	cucharadas de pasta de tomate
2	cucharaditas de tomillo seco
2	cucharaditas de perejil seco
¼	de taza de leche evaporada *light*
	sal y pimienta al gusto
	perejil fresco picado para adornar

Ponga las cebollas en agua hirviendo por tres minutos. Escurra,
pele y quite ambos extremos. Colóquelas en un sartén pequeño
y añada los champiñones, tomate y ajo. Añada los siguientes
cinco ingredientes. Cubra el sartén y cueza a fuego lento por 20
minutos. Quite la tapa y deje cocer por 10 minutos más. Añada
la leche evaporada, sal y pimienta mientras revuelve. Cueza a
fuego lento por cinco minutos más. Rocíe con perejil fresco.

Cada porción contiene:

75	calorías	15 g	carbohidratos
4 g	proteínas	172 mg	sodio
1 g	grasas	2 mg	colesterol
1 g	fibra dietética		

Calabacitas con pesto al ajo

Rinde ocho porciones

4 tazas de calabacitas cortadas en finas rajas
¼ de taza de albahaca fresca
¼ de taza de perejil fresco
¼ de taza de castañas en agua
6 dientes de ajo
¼ de taza de crema ácida *light*
2 cucharadas de leche *light*
  sal y pimienta al gusto
1 cucharada de queso parmesano rallado

Cueza las calabacitas en agua hirviendo apenas salada hasta que estén *al dente*. Ponga la albahaca, perejil, castañas y ajo en un procesador o licuadora y muela. Coloque la mezcla en un sartén y añada la crema ácida y la leche, entibie. Sazone con sal y pimienta. Mezcle las calabacitas con el pesto tibio y rocíe con el queso parmesano.

Cada porción contiene:

26	calorías	4 g	carbohidratos
2 g	proteínas	22 mg	sodio
0 g	grasas	1 mg	colesterol
0 g	fibra dietética		

Calabacitas rellenas

Puede hacer toda una comida con esta receta de calabacitas. Los amantes de la carne también pueden añadir ½ taza de sirloin, pavo, jamón o pollo molido al relleno.

Rinde ocho guarniciones y cuatro porciones
como platillo principal

4   calabacitas medianas
1   taza de cuadritos de pan
½   cucharadita de sal y pimienta
½   cucharadita de salvia, orégano, albahaca y perejil secos
2   cucharadas de caldo de pollo desgrasado
1   cucharada de cebolla picada
1   cucharada de apio picado
1   cucharada de pimiento picado
4   dientes de ajo picados
¼   de taza de sustituto de huevo
1   cucharada de harina
½   de taza de leche evaporada *light*
    aceite vegetal en aerosol
2   cucharadas de queso parmesano recién rallado

Precaliente el horno a 350°.

Corte los extremos de las calabacitas. Corte cada una de ellas en mitades, a lo largo. Sancoche las calabacitas por cinco minutos. Enjuague bajo agua y escurra sobre toallas de papel.

En un recipiente, mezcle los cubos de pan, sal, pimienta y hierbas, Ponga las dos cucharadas de caldo de pollo en un sartén antiadherente y cueza la cebolla, apio, pimiento y ajo hasta que se haya evaporado el líquido. Añada los vegetales al pan. Agregue el sustituto de huevo. Reserve.

Ponga la harina y la leche en un contenedor pequeño y bata

para mezclar. Vuelque la mezcla de leche en un sartén pequeño y cueza lentamente hasta que espese. Añada a la mezcla de pan. Rellene cada mitad de calabacita con la mezcla y acomódelas en un molde para hornear que haya sido rociado con aceite vegetal en aerosol. Rocíe con queso parmesano y hornee de 20 a 30 minutos o hasta que estén levemente doradas.

Cada porción contiene:

61 calorías	9 g	carbohidratos
4 g proteínas	249 mg	sodio
1 g grasas	4 mg	colesterol
1 g fibra dietética		

Alcachofas horneadas

Estas alcachofas son un platillo favorito de mi familia. Yo hago un gran platón, sazonado con mucha pimienta.
Las comemos con baguette untado con ajo asado (vea Básicos).
¡Es delicioso!

Rinde ocho porciones

4 alcachofas grandes
  aceite vegetal en aerosol
1 cabeza de ajo, separada en dientes y pelados
  sazonador vegetal
  pimienta recién molida al gusto
1 cucharada de orégano fresco picado
16 hojas de menta enteras
4 tazas de caldo de res desgrasado
½ taza de vino blanco

Precaliente el horno a 425°.
Corte la parte superior de las alcachofas y quite las primeras

dos capas de hojas. Corte las puntas de las otras hojas y luego corte las alcachofas a la mitad. Rocíe un molde para hornear con aceite vegetal en aerosol y acomódelas, el lado cortado hacia abajo, en el molde. Ponga dientes de ajo alrededor de las alcachofas. Rocíelas con sazonador vegetal, pimienta y la mitad del orégano. Esparza las hojas de menta sobre las alcachofas. Vierta el caldo y el vino sobre todo y cubra bien el molde. Hornee por 30 minutos. Voltee las alcachofas y rocíe este lado con sazonador vegetal, pimienta y el resto del orégano. Hornee 20 minutos más sin cubrir. Vuelva a voltear las alcachofas y hornee 5 minutos más, hasta que se haya evaporado todo el líquido.

Cada porción contiene:

58 · calorías		11 g	carbohidratos
4 g	proteínas	475 mg	sodio
1 g	grasas	0 mg	colesterol
3 g	fibra dietética		

Hinojos horneados

El hinojo es uno de mis vegetales favoritos,
horneado o crudo.

Rinde seis porciones

3   hinojos grandes (alrededor de 1 ¼ kg)
    aceite vegetal en aerosol
3   dientes de ajo grandes, picados
½   cucharadita de orégano seco molido
½   cucharadita de albahaca seca molida
½   cucharadita de sazonador vegetal
½   cucharadita de pimienta blanca

1 a 1 ½ tazas de caldo de pollo desgrasado
2   cucharadas de pan molido
     aceite vegetal en aerosol sabor mantequilla

Precaliente el horno a 375°.

Corte la parte superior de los hinojos y parta cada tubérculo a la mitad. Rocíe un molde para hornear cuadrado de ocho pulgadas con aceite vegetal en aerosol. Acomode los hinojos con el lado cortado hacia abajo dentro del molde. Espolvoree los hinojos con ajo, orégano, albahaca, sazonador vegetal y pimienta blanca. Vierta una taza de caldo de pollo en el molde y cubra bien con papel aluminio. Hornee por 15 minutos. Dé vuelta los hinojos y hornee por 15 minutos más. Añada más caldo de pollo si es necesario, para evitar que el fondo del molde queme los hinojos. Descubra el molde y espolvoree los hinojos con pan molido y a este último con aceite vegetal sabor mantequilla en aerosol y eleve la temperatura a 450°. Hornee hasta que el pan se dore.

Cada porción contiene:

46 calorías	7 g carbohidratos
3 g proteínas	378 mg sodio
1 g grasas	0 mg colesterol
1 g fibra dietética	

Vegetales horneados crocantes

Estos vegetales son deliciosos mojados en el dip de vegetales bajo en grasas. El papel para hornear se consigue en las tiendas de alimentos.

Rinde cuatro porciones

½ taza de pan molido sazonado

½	taza de harina de maíz
2	cucharadas de queso parmesano rallado
8	dientes de ajo picados
	aceite vegetal en aerosol
1	taza de yogur *light*
500 g	de vegetales (calabacitas, berenjenas, papas, camotes, champiñones y/o cebollas)

Precaliente el horno a 425°.

Mezcle el pan molido, harina de maíz y queso.

A fuego muy lento, acitrone el ajo en un sartén antiadherente rociado con aceite vegetal en aerosol, hasta que el ajo comience a dorarse. Deje enfriar y añada a la mezcla de pan molido.

Rebane los vegetales en rodajas de ½ pulgada de grosor y sumerja en el yogur y luego pase por la mezcla de pan. Acomódelos en un molde forrado con papel para hornear y hornee hasta que estén dorados y crocantes. Las papas requerirán de más tiempo que el resto de los vegetales, así que asegúrese de cortarlas en rebanadas finas.

Cada porción contiene:

217	calorías	40 g	carbohidratos
10 g	proteínas	495 mg	sodio
2 g	grasas	3 mg	colesterol
3 g	fibra dietética		

Vegetales aromáticos juliana

Las semillas de ajonjolí negras se pueden encontrar en tiendas especializadas de alimentos o en tiendas de alimentos orientales.

Rinde ocho porciones

2 cucharaditas de aceite de ajonjolí

4 dientes de ajo picados
1 cucharadita de pimiento rojo en polvo
¼ de taza de caldo de pollo desgrasado
1 taza de zanahoria cortada en tiras finitas
1 taza de tallos de brócoli cortados en tiras finitas
2 bok choys pequeños cortados en tiras finitas
1 taza de chivirías cortadas en tiras finitas
1 taza de pimiento verde cortado en tiras finitas
1 cucharadita de pequeños trocitos de mantequilla
   sazonador vegetal y pimienta al gusto
1 cucharadita de semillas de ajonjolí negras

Acitrone el ajo y el pimiento rojo en aceite de ajonjolí por tres minutos. Agregue el caldo de pollo y los vegetales. Cubra la olla y cueza hasta que los vegetales estén tiernos. Mezcle con la mantequilla. Sazone con sazonador vegetal y pimienta y rocíe con semillas de ajonjolí negras.

Cada porción contiene:

44 calorías	7 g	carbohidratos
1 g proteínas	76 mg sodio	
2 g grasas	0 mg	colesterol
2 g fibra dietética		

Elotes asados

Me encantan los asados al aire libre porque todo puede ser guisado allí y hay muy pocos platos que lavar.
Asar elotes también les da un delicioso sabor ahumado.

Rinde ocho porciones

8 elotes
4 cucharaditas de mantequilla

2   cucharaditas de mejorana seca
1 ½   cucharaditas de pimienta cayena
4   dientes de ajo picados
1   cucharadita de sal
1   pizca de paprika

Retire los cabellos del elote manteniendo las hojas intactas.
Remoje los elotes en agua por 20 minutos. Frote cada elote con
½ cucharadita de mantequilla y espolvoree con mejorana, cayena,
ajo, sal y paprika. Cubra nuevamente con las hojas y ase por 10
a 15 minutos, dependiendo del calor del carbón, volteando a
menudo.

Cada porción contiene:

98   calorías   18 g   carbohidratos
3 g proteínas   309 mg sodio
3 g grasas   5 mg   colesterol
3 g fibra dietética

Crema de espinaca y ajo

Rinde 8 porciones

1   cabeza de ajo asada (vea Básicos)
      aceite vegetal en aerosol
1   taza de apio picado
1   cucharada de nueces molidas
3   tazas de espinaca cocida (escurrida y picada)
1/3   de taza de crema ácida light
1   cucharada de mayonesa baja en calorías
1   cucharada de nuez moscada molida
      sazonador vegetal y pimienta al gusto

Ase el ajo y reserve. En un sartén antiadherente rociado con aceite vegetal en aerosol, fría el apio y las nueces por cuatro minutos. Añada la espinaca, mezcle y caliente. Agregue la crema y la mayonesa y mezcle bien. Cuidadosamente caliente la mezcla a fuego lento y sazone con nuez moscada, sazonador vegetal y pimienta.

Cada porción contiene:

53	calorías	7 g	carbohidratos
4 g	proteínas	98 mg	sodio
2 g	grasas	1 mg	colesterol
2 g	fibra dietética		

Puré de zanahorias

Para una cena especial, estas zanahorias se ven hermosas pasadas por una manga de pastelería sobre pequeñas mitades de calabacita cocida.

Rinde cuatro porciones

6   zanahorias peladas
6   dientes de ajo picados
¼ de taza de azúcar morena
1   cucharada de queso crema desgrasado
1   cucharada de crema ácida *light*
1   cucharada de vino de Madeira
1   cucharadita de tomillo seco
    sal y pimienta al gusto

Combine las zanahorias, ajo y azúcar morena en una olla y cubra apenas con agua. Cueza hasta que las zanahorias estén tiernas. Escurra y muela en una licuadora o procesador. Añada los ingredientes restantes y mezcle bien.

Cada porción contiene:

118 calorías	27 g carbohidratos
2 g proteínas	72 mg sodio
0 g grasas	1 mg colesterol
3 g fibra dietética	

Espárragos con ajonjolí

*Para esta receta utilice la mantequilla de mejor calidad
que pueda encontrar.*

Rinde seis porciones

1 kg de espárragos
5   dientes de ajo picados
2   cucharaditas de mantequilla
1   cucharada de semillas de ajonjolí
      sazonador vegetal al gusto
      pimienta recién molida al gusto

Limpie los espárragos, quite las porciones inferiores duras del tallo y deseche. Corte en trozos grandes. Reserve.

Fría el ajo en la mantequilla en un sartén antiadherente, a fuego lento, hasta que el ajo comience a dorarse. Añada un par de cucharadas de agua y los espárragos al sartén. Cubra y cueza por dos minutos, revolviendo con frecuencia. Si prefiere los espárragos más suaves, continúe cociendo hasta que estén a su gusto. Añada un poco más de agua si es necesario. Cuando los espárragos estén listos el agua debe haberse evaporado casi por completo. Rocíe con las semillas de ajonjolí y el sazonador vegetal y pimienta al gusto.

Cada porción contiene:

41	calorías	4 g	carbohidratos
3 g	proteínas	15 mg	sodio
2 g	grasas	3 mg	colesterol
1 g	fibra dietética		

Corazones de apio dorados

Los vegetales dorados a fuego lento tienen un sabor especialmente suculento. Puede probar esta receta usando otros vegetales, tales como hinojos, zanahorias y cebollas.

Rinde seis porciones

3	corazones de apio cortados en mitades a lo largo
4	dientes de ajo picados
	aceite vegetal en aerosol
	sazonador vegetal al gusto
	pimienta al gusto
1 a 1 ½	tazas de caldo de res desgrasado
½	taza de vino blanco
3	cucharaditas de queso parmesano rallado
	perejil picado fresco para adornar

Dore los corazones de apio y el ajo en un sartén antiadherente rociado con aceite vegetal en aerosol, hasta que el apio esté apenas dorado. Rocíe el apio con sazonador vegetal y pimienta al gusto. Vierta una taza del caldo de res y el vino sobre el apio. Cubra el sartén y cueza a fuego lento hasta que el apio esté tierno, de 20 a 30 minutos. Añada más caldo de ser necesario. Destape el sartén y continúe cociendo hasta que el líquido se haya evaporado. Rocíe con queso parmesano y gratine hasta que el queso se haya dorado levemente. Rocíe con perejil fresco y sirva.

Cada porción contiene:

29	calorías	4 g	carbohidratos
2 g	proteínas	263 mg	sodio
1 g	grasas	1 mg	colesterol
1 g	fibra dietética		

5

Pescados
y mariscos

El pescado es un maravilloso alimento bajo en grasas y con un alto contenido de proteínas. Algunos expertos en nutrición sugieren que comamos pescado al menos tres veces a la semana. (El camarón, que es alto en colesterol, es la única excepción; si usted está intentando bajar su consumo de colesterol, no coma camarones más de una vez a la semana.) Pero muchas personas piensan en el pescado como en un alimento soso y difícil de preparar. ¡Qué equivocados están! La mayoría de los pescados y mariscos se combinan de manera excelente con el ajo y las hierbas, así que utilice estos ingredientes en abundancia.

También puede ser increíblemente rápido de preparar. El pescado es excelente simplemente marinado en jugo de limón, ajo y especias y luego asado o a la plancha. Recuerde no cocinar el pescado en exceso, porque se secará.

Es sencillo preparar deliciosas salsas para el pescado con los productos lácteos *light* disponibles. El pescado también es delicioso con salsas bajas en grasas, a base de tomate, tales como la receta de pescado a la italiana que aparece en el presente capítulo.

El pescado puede ser increíble en pasteles, sensacional en las salsas y sobresaliente en guisados. Déle una oportunidad y creo que hasta aquellos que han evitado el pescado en el pasado, se darán cuenta de lo delicioso y sencillo de preparar que puede ser.

Pescado horneado crocante

También puede probar esta crocante y sabrosa cubierta con pollo,
piezas de pavo o chuletas de cerdo.

Rinde cuatro porciones

4 porciones de pescado de 125 g (tales como lenguado,
   rodaballo, cubera, trucha o bagre)
   jugo de 2 limones
¼ de taza de sustituto de huevo
3 cucharadas de agua
4 dientes de ajo picado
½ taza de harina
½ taza de pan molido
½ cucharadita de orégano seco
½ cucharadita de albahaca seca
½ cucharadita de paprika
½ cucharadita de tomillo seco
1 cucharadita de cáscara de limón
½ cucharadita de sal
   aceite vegetal en aerosol sabor mantequilla

Precaliente el horno a 425°.

Acomode el pescado en un plato y frote con el jugo de limón,
deje marinar mientras prepara el resto de los ingredientes. Mezcle
el sustituto de huevo, agua y ajo. Reserve. En otro recipiente,
ponga la harina. En un tercer recipiente mezcle el pan molido,
hierbas, cáscara de limón y sal.

Sumerja el pescado en la mezcla de sustituto de huevo y luego en la harina. Vuelva a sumergir en el sustituto de huevo
y luego en la mezcla de pan molido. Acomode el pescado en un
molde para galletas previamente rociado con aceite vegetal en
aerosol sabor mantequilla. Rocíe la parte superior del pescado
con el mismo aceite.

Hornee durante seis minutos, dé vuelta al pescado y vuelva a rociar con aceite vegetal en aerosol sabor mantequilla. Hornee otros seis minutos, o hasta que el pescado se dore y esté cocido.

Cada porción contiene:

240 calorías	26 g carbohidratos
26 g proteínas	925 mg sodio
3 g grasas	54 mg colesterol
1 g fibra dietética	

Pescado en papel

Hornear pescado envuelto en papel es una maravillosa manera de cocinar sin grasa y tiene una presentación muy impresionante sobre la mesa. El papel para hornear se puede conseguir en tiendas especializadas. Aun cuando el alcohol del brandy se evapora, su sabor es una parte importante de este platillo. Recomiendo usar un brandy de buena calidad para lograr mejores resultados.

Rinde cuatro porciones

4 filetes pequeños de cubera (500 g en total)
½ taza de carne de cangrejo cocida
½ taza de champiñones rebanados
¼ de taza de cebolla de verdeo picada
3 dientes de ajo picados
   aceite vegetal en aerosol sabor mantequilla
½ cucharadita de estragón fresco
½ cucharadita de mostaza de Dijon
4 cucharadas de queso crema *light*
1 cucharada de mayonesa baja en calorías
2 cucharaditas de mantequilla

2   cucharadas de brandy
1/3 de taza de perejil picado
    sal y pimienta recién molida al gusto

Precaliente el horno a 375°.

Tome cuatro cuadrados de papel para hornear de 10 pulgadas cada uno, dóblelos a la mitad y córtelos en forma de corazón. Acomode cada filete sobre un corazón de papel.

Coloque la carne de cangrejo en un recipiente. Fría los champiñones, cebolla de verdeo y ajo en un sartén antiadherente rociado con aceite vegetal en aerosol sabor mantequilla, hasta que los vegetales estén suaves. Añada al cangrejo.

En una licuadora o procesador mezcle el estragón, mostaza, queso crema, mayonesa, mantequilla, jugo de limón y brandy, hasta que todo esté bien mezclado. Añada esta mezcla a los vegetales y cangrejo y mezcle bien.

Unte la mezcla de cangrejo sobre los filetes. Rocíe cada uno con perejil, sal y pimienta recién molida.

Doble el corazón a la mitad sobre el pescado. Doble los bordes un par de veces para sellar. Acomode los paquetes en un molde para hornear, los lados doblados hacia arriba. Hornee por alrededor de 10 minutos, o hasta que el papel se dore. Para servir, corte una gran X en la parte superior de cada paquete y abra el papel para dejar que salga el delicioso aroma.

Cada porción contiene:

192 calorías	3 g carbohidratos
31 g proteínas	356 mg sodio
4 g grasas	65 mg colesterol
0 g fibra dietética	

Pescado envuelto en masa con salsa de mostaza

¡Este sí que es un maravilloso platillo para una fiesta! Usted puede hacer un pastel grande con masa, suficiente para servir a varias personas, o puede hacer paquetitos individuales. Intente atar cada paquete individual para esa cena especial con un cebollín entero, así se verán como regalos.

Dado que está envolviendo el pescado en masa es muy importante asegurarse de que el pescado esté seco. Si usa pescado congelado, déjelo toda la noche en el refrigerador sobre toallas de papel, cambiándolas un par de veces para que absorban todo el líquido.

Rinde 1 ¼ tazas de salsa

Pescado envuelto en masa:

- 6   rebanadas de lenguado o robalo (750 g en total)
    jugo de un limón
- 1   cucharada eneldo fresco picado
- 1   paquete de 315 g de espinacas congeladas picadas, cocidas y escurridas
    aceite vegetal en aerosol sabor mantequilla
- ½   taza de champiñones rebanados
- ¼   de taza de cebollas de verdeo rebanadas
- 6   dientes de ajo picados
- 2   claras de huevo

½   cucharadita de sal
1   cucharadita de pimienta
10   tapas de masa para pastel (se consiguen en muchos su-
    permercados)
    un poquito de perejil seco

Salsa de mostaza:

1   cucharada de escalonias picadas
2   dientes de ajo picados
¼   de taza de vino blanco
½   taza de crema ácida *light*
2/3   de taza de leche evaporada *light*
    jugo de 1 limón mezclado con 2 cucharaditas de fécula
    de maíz
1   cucharada de eneldo fresco picado
2   cucharaditas de mostaza en polvo
    limón y pimienta al gusto
    sal al gusto

Precaliente el horno a 425°.

Frote el pescado con el jugo de limón y el eneldo fresco. Deje descansar por 20 minutos.

Exprima la espinaca cocida para eliminar el líquido extra. Ponga en un recipiente y reserve.

En un sartén antiadherente rociado con el aceite vegetal en aerosol sabor mantequilla, fría los champiñones, cebolla de verdeo y ajo hasta que todo el líquido de los champiñones se haya evaporado. Mezcle con la espinaca. Añada las claras de huevo, sal y pimienta. Refrigere esta mezcla por lo menos una hora.

Tome un molde para hornear galletas, fórrelo con papel para hornear y coloque una tapa de masa sobre el papel. Rocíe la masa con el aceite vegetal en aerosol. Coloque otra tapa de masa y rocíe con aceite nuevamente. Repita hasta que tenga cinco tapas de masa. (Esto forma un gran pastel para varias personas.) Coloque dos trozos de pescado en el centro de la masa cerca y paralelos el uno con el otro. Coloque el tercer trozo cerca y perpendicular a los otros. Extienda la mezcla fría de espinaca sobre el pescado. Ahora acomode los últimos tres trozos de pescado sobre el relleno de la misma manera que los tres anteriores.

Haga la misma operación con las tapas para la parte superior, pero esta vez acomódelas sobre el pescado. Cuando haya acomodado la última tapa, doble los bordes de las capas superiores por debajo de las inferiores, a fin de hacer un paquete apretado. Rocíe la parte superior una vez más con el aceite vegetal en aerosol sabor mantequilla. Espolvoree perejil seco. Hornee de 25 a 30 minutos o hasta que la masa esté dorada. Sirva sobre salsa de mostaza.

Para preparar la salsa: coloque las escalonias, ajo y vino en un sartén pequeño y cueza hasta que el vino quede reducido a una cucharada. Retire del fuego y añada el resto de los ingredientes de la salsa. Mezcle bien y caliente con cuidado hasta que haya espesado un poco.

Cada porción contiene:

264	calorías	20 g	carbohidratos
20 g	proteínas	441 mg	sodio
11 g	grasas	25 mg	colesterol
1 g	fibra dietética		

Pescado a la italiana

Nada sabe mejor en una noche fría que este pescado a la italiana con una botella de vino tinto y una crocante baguette.

Rinde seis porciones

1 kg de hipogloso, robalo o bacalao
½   taza de champiñones rebanados

3 escalonias picadas
4 dientes de ajo picados
2 cucharadas de apio picado
¼ de taza de pimiento verde picado
2 cucharadas de aceite de oliva
1 taza de tomate fresco picado y espolvoreado con una
   cucharadita de azúcar
2 cucharadas de puré de tomate
½ taza de vino blanco
½ taza de jugo de almejas
¼ de taza de albahaca fresca picada
¼ de taza de perejil fresco picado
   sal y pimienta recién molida al gusto
2 cucharadas de queso parmesano rallado (opcional)

Corte el pescado en tiras de dos pulgadas y reserve.

Fría los champiñones, escalonias, ajo, apio y pimiento en una olla antiadherente con el aceite de oliva hasta que los vegetales comiencen a ablandarse. Añada el tomate y cueza por un minuto. Agregue el puré de tomate, vino, jugo de almeja, albahaca, perejil, sal y pimienta. Cocine hasta que los sabores se combinen, alrededor de cinco minutos.

Agregue el pescado, tape y cocine de 5 a 10 minutos, dependiendo del grosor del pescado. Pruebe cortando una de las partes más gruesas. La carne debe estar opaca, pero no seca. Espolvoree con el queso parmesano si lo desea. Es delicioso servido sobre fideos.

Cada porción contiene:

217 calorías	5 g	carbohidratos
32 g proteínas	154 mg	sodio
5 g grasas	48 mg	colesterol
1 g fibra dietética		

Trucha asada con salsa de pepinos

Si no tiene un asador, tome un trozo de papel aluminio grueso
y haga algunos agujeros en él. Tenga cuidado cuando
dé vuelta el pescado.

Rinde cuatro porciones

Salsa de pepinos:

½ pepino sin semillas y pelado
½ taza de crema ácida *light*
1 cucharada de eneldo fresco
1 cucharada de jugo de limón
   pimienta recién molida y sal al gusto

Ingredientes para el pescado:

2 truchas abiertas (500 g de pescado en total después de
   limpiar y remover las cabezas)
4 dientes de ajo picados
2 escalonias picadas
1 cucharadita de mantequilla
1 cucharada de eneldo fresco picado
1 cucharadita de mejorana seca
   jugo de un limón
2 cucharaditas de salsa Worcestershire
   aceite vegetal en aerosol

Para preparar la salsa: ralle el pepino, rocíe con sal y deje
escurrir por 15 minutos. Enjuague y exprima para secar. Mezcle
el pepino con el resto de los ingredientes de la salsa y revuelva
bien. Refrigere. Rinde alrededor de una taza de salsa.

Acomode la trucha en un plato plano. Fría el ajo y escalonias
en la mantequilla hasta que comiencen a dorarse. Mezcle el ajo y
las escalonias con el eneldo, mejorana, jugo de limón y salsa
Worcestershire y frote ambos lados de la trucha con la mezcla.

Rocíe un asador con aceite vegetal y acomode el pescado. Ase sobre brasas por alrededor de 6 minutos. Dé vuelta al pescado y ase cuatro a seis minutos más o hasta que el pescado se separe en hojuelas. Sirva con la salsa de pepinos.

Cada porción contiene:

236 calorías	7 g carbohidratos
26 g proteínas	160 mg sodio
11 g grasas	71 mg colesterol
0 g fibra dietética	

Pescado asado con salsa de mango

*La salsa de mango es también maravillosa
servida con pollo asado.*

Rinde cuatro porciones

1	cucharada de aceite de nuez
2	dientes de ajo picados
¼	de taza de cebolla de verdeo, finamente rebanada
1	cucharada de albahaca fresca, finamente picada
1	cucharada de menta fresca, finamente picada
½	cucharadita de semillas de eneldo
1	cucharadita de sal de apio
1	taza de mango, finamente picado
2	cucharadas de vino de ciruela
2	cucharadas de azúcar
1	cucharada de vinagre de frambuesa, fresa o zarzamora
3	gotas de aceite de chili
	sal
500 g	de filetes de pescado (como robalo o lenguado)
	jugo de un limón
	aceite vegetal en aerosol
	pimienta

Para preparar la salsa: fría el ajo y la cebolla de verdeo en el aceite de nuez. Agregue la albahaca, menta, semillas de eneldo y sal de apio. Mezcle bien. Añada el mango, vino, azúcar, vinagre y aceite de chili. Cocine hasta que el mango esté suave. Sazone con sal al gusto.

Rocíe un asador o molde para asar con aceite vegetal en aerosol. Frote el pescado con el jugo de limón y sazone con sal y pimienta. Ase por tres o cuatro minutos de cada lado, o hasta que el pescado se separe en hojuelas. Sirva de una a dos cucharadas de salsa por porción.

Cada porción contiene:

189 calorías	12 g carbohidratos
22 g proteínas	256 mg sodio
5 g grasas	54 mg colesterol
1 g fibra dietética	

Filetes de salmón poché con salsa cremosa de pepinos y eneldo

Este salmón es bueno servido con la salsa, y esta última también es deliciosa con pescado frito o asado.

Rinde cuatro porciones

Filetes de salmón poché:

- 4 filetes de salmón (alrededor de 155 g cada uno)
- 4 rebanadas finas de limón
  eneldo fresco picado
- 4 dientes de ajo picados
  sal y pimienta recién molida al gusto
- 2 cucharadas de salsa Worcestershire
- 2 cucharadas de jugo de limón

2 cucharadas de vino blanco
1 cucharada de alcaparras
1 cucharada de pasta de tomate

Salsa de pepinos y eneldo:

1 cucharada de pepino sin semillas rallado
1 cucharada de tomate sin semillas picado
1 diente de ajo picado
½ cucharadita de eneldo fresco picado
2 cucharadas de crema ácida *light*
1 cucharada de mayonesa baja en calorías
    sal y pimienta recién molida al gusto

Precaliente el horno a 375°.

Acomode cada filete de salmón sobre un cuadro de papel
aluminio que pueda envolverlo con facilidad. Sobre cada filete
coloque una rebanada de limón, un poco de eneldo fresco y ajo
picado. Rocíe cada uno con un poco de sal y pimienta recién
molida.

Combine la salsa Worcestershire, jugo de limón, vino,
alcaparras y pasta de tomate hasta que estén bien mezclados.
Coloque dos cucharadas sobre cada filete y envuelva muy bien
con el papel aluminio, uniendo los bordes en la parte superior
para que no escape el líquido. Acomode los paquetes sobre un

molde para hornear y hornee entre 15 y 20 minutos, o hasta que el pescado se separe en hojuelas.

Licúe todos los ingredientes de la salsa y coloque una pequeña cucharadita sobre cada filete.

Cada porción contiene:

218 calorías	6 g carbohidratos
26 g proteínas	253 mg sodio
9 g grasas	70 mg colesterol
0 g fibra dietética	

Soufflé de cangrejo

Rinde ocho porciones

2	tazas de carne de cangrejo cocida, fresca o enlatada
	jugo de un limón
1/3	de taza de cebolla de verdeo rebanada
1	taza de champiñones rebanados
1	tallo de apio picado
1	chile rojo, picado
	aceite vegetal en aerosol
3	tazas de pan cortado en cuadritos (sin corteza)
1	cucharadita de eneldo seco
	sal y pimienta de Cayena al gusto
1	cabeza de ajo asada (vea Básicos) y exprimida en una taza
1	cucharada de mostaza de Dijon
¼	de taza de queso crema desgrasado
1 ½	tazas de leche evaporada *light*
¼	de taza de jerez seco
4	claras de huevo
2	cucharadas de queso parmesano rallado

Precaliente el horno a 350°.

Si va a utilizar carne de cangrejo enlatada, escurra y luego coloque en un recipiente. Mezcle con el jugo de limón y reserve. Fría la cebolla de verdeo, champiñones, apio y chile rojo en aceite vegetal en aerosol hasta que la cebolla esté suave. Agregue al cangrejo.

Añada los cubitos de pan, eneldo, sal y cayena.

Mezcle el ajo asado, mostaza, queso crema, leche evaporada y jerez y agregue al cangrejo.

Bata las claras a punto de turrón y añada al cangrejo revolviendo suavemente. Vierta en un molde para horno previamente rociado con aceite vegetal en aerosol y hornee, tapado, por 40 minutos. Espolvoree con queso parmesano y hornee sin tapar por 10 minutos más o hasta que esté levemente dorado.

Cada porción contiene:

186	calorías	19 g	carbohidratos
17 g	proteínas	425 mg	sodio
3 g	grasas	49 mg	colesterol
1 g	fibra dietética		

Camarones y ajo

Rinde seis porciones

750 g de camarones grandes pelados y desvenados
2   cucharaditas de fécula de maíz mezcladas con una cucharada de agua
       aceite vegetal en aerosol
1   cucharada de aceite de oliva virgen
8   dientes de ajo picados
       jugo de un limón
½   pimiento verde cortado en rajas finas

½ taza de vermouth
¼ de taza de jugo de almejas
2 cucharadas de perejil picado
   sal y pimienta al gusto

Prepare los camarones mezclándolos con la mezcla de fécula de maíz. Reserve.

Rocíe una olla pequeña antiadherente con aceite vegetal en aerosol y luego agregue el aceite de oliva. Añada el ajo y cocine muy lentamente a fuego bajo por alrededor de 15 minutos. Ésta es la parte más importante de la receta, así que tómese su tiempo. No deje que el ajo se queme.

Agregue los camarones y cocine hasta que éstos estén casi rosas. Rocíe con el jugo de limón, pimiento, vermouth y jugo de almejas. Suba el fuego levemente y continúe cocinando hasta que los camarones estén totalmente rosas. Quite los camarones y pimiento y deje que la salsa se siga cociendo dos minutos más. Vuelva a añadir los camarones y pimiento a la olla y revuelva para cubrirlos de salsa completamente. Rocíe con sal y pimienta al gusto.

Cada porción contiene:			
152	calorías	4 g	carbohidratos
19 g	proteínas	160 mg	sodio
4 g	grasas	140 mg	colesterol
0 g	fibra dietética		

Camarones hawaianos

*Esta deliciosa mezcla de ingredientes tiene
una impresionante combinación.*

Rinde cuatro porciones

1 taza de piña fresca picada (cortada en trocitos finos)

500 g de camarones pelados y desvenados
        aceite vegetal en aerosol
2   cucharaditas de maranta
2   cucharadas de salsa de soya
1/3   taza de jugo de piña
1   cucharadita de aceite de ajonjolí
3   dientes de ajo picado
1   cucharadita de jengibre fresco rallado
½   taza de cebolla de verdeo rebanada (cortada en largos
        de ½ pulgada)
½   pimiento verde, cortado en cuadritos de ½ pulgada
1/3   brotes de bambú

Corte la piña y reserve.

Saltee los camarones en aceite vegetal en aerosol en un sartén antiadherente hasta que estén rosas. Retire.

Mezcle la maranta, salsa de soya y jugo de piña. Revuelva bien hasta que todo esté mezclado. Reserve.

En un sartén antiadherente fría el ajo, jengibre, cebolla de verdeo y pimiento en el aceite de ajonjolí hasta que pueda oler el ajo y el jengibre, alrededor de dos minutos. Agregue la piña, brotes de bambú y mezcla de maranta y cocine hasta que la salsa comience a espesar. Añada los camarones y cocine dos minutos más y sirva.

Cada porción contiene:

170 calorías	15 g carbohidratos
21 g proteínas	782 mg sodio
3 g grasas	140 mg colesterol
1 g fibra dietética	

Mariscos salteados

Rinde cuatro porciones

1	cucharada de aceite de oliva virgen
250 g	de camarones, pelados, desvenados y cortados en trozos grandes
250 g	de escalopes pequeños cortados al medio
250 g	de carne de langosta, cortada en trozos pequeños
6	dientes de ajo picados
	aceite de oliva en aerosol
¼	de taza de zanahoria cortada en rajas finitas
¼	de taza de poro cortado en rajas finitas
¼	de taza de pimiento rojo cortado en rajas finitas
¼	de taza de apio cortado en rajas finitas
3	cucharadas de acedera, finamente rebanada
1	cucharadita de tomillo seco
¼	de taza de vino blanco
¼	de taza de jugo de almejas
	jugo de un limón
	sal y pimienta recién molida al gusto
	acedera finamente rebanada para decorar

Saltee los camarones, escalopes, langosta y ajo en el aceite de oliva en un sartén antiadherente hasta que los camarones estén rosas. Retire los mariscos y reserve. Rocíe el sartén con el aceite de oliva en aerosol y agregue los vegetales en rajas, acedera y tomillo. Cocine hasta que los vegetales comiencen a ablandarse. Añada el vino, jugo de almejas y jugo de limón y deje cocinar un minuto. Vuelva a poner los mariscos al sartén, sazone con sal y pimienta y deje el pescado hasta que se caliente. Rocíe con un poco de acedera y sirva.

Cada porción contiene:

216 calorías   7 g carbohidratos
31 g proteínas   388 mg sodio
5 g grasas   130 mg colesterol
1 g fibra dietética

Camarones e hipogloso horneados en salsa cremosa de vino

Puede sustituir el hipogloso por cualquier pescado de carne blanca, sólo asegúrese de ajustar el tiempo de horneado si usa filetes finos.

Rinde seis porciones

Camarones e hipogloso:

        aceite vegetal en aerosol
1 kg   de hipogloso, cortado en trozos de una pulgada
250 g de camarones pelados y desvenados
        pimienta
1   cucharada de eneldo fresco picado
3   dientes de ajo rebanados muy finamente
2   cucharadas de cebolla de verdeo picada

Salsa cremosa de vino:

125 g de queso crema desgrasado
2/3   leche light
¼   de taza de crema ácida *light*
1/3   de taza de vino blanco
1/3   de taza de jugo de almejas
1   cucharada de jugo de limón
1   cucharadita de mantequilla
        sal, pimienta y salsa picante al gusto

1 cucharada de maranta mezclada con dos cucharadas de
   vino blanco
3 cucharadas de queso parmesano rallado

Precaliente el horno a 350°.

Rocíe un molde para horno con aceite vegetal en aerosol.
Acomode el hipogloso y camarones en un sartén. Rocíe con
algo de pimienta y eneldo fresco. Acitrone el ajo y la cebolla de
verdeo en un sartén antiadherente rociado con aceite vegetal en
aerosol hasta que las cebollas estén blandas. Rocíe la cebolla y el
ajo sobre el pescado.

Mezcle los seis primeros ingredientes de la salsa y entibie hasta
que el queso crema se haya derretido. Agregue la mantequilla,
sal, pimienta y salsa picante y revuelva. Añada la mezcla de
maranta y cocine hasta que la salsa espese. Vierta la salsa sobre el
pescado y rocíe con queso parmesano.

Hornee por 15 minutos. Destape y cocine por al menos cinco
minutos más o hasta que el queso parmesano comience a dorarse
y el pescado se separe en hojuelas.

Cada porción contiene:

271 calorías   6 g   carbohidratos
45 g proteínas   388 mg sodio
5 g grasas   101 mg colesterol
0 g fibra dietética

Mousse de lenguado y escalope con salsa de pimiento amarillo

Un delicado mousse que requiere de poco tiempo para su preparación, puede hacerse con anticipación y hornearse a último momento. Es un maravilloso platillo de entrada.

Rinde seis porciones

Mousse:

250 g	de lenguado
250 g	de escalopes
1	cabeza de ajo asado (vea Básicos) exprimido dentro de un recipiente
¾	de taza de leche evaporada *light*
¼	de taza de leche *light*
½	taza de champiñones rebanados
2	cucharadas de cebolla picada
	aceite vegetal en aerosol
½	taza de espinaca cocida y picada
2	claras de huevo
1	cucharada de tomillo fresco picado
½	cucharadita de sal
½	cucharadita de pimienta blanca

Salsa de pimiento amarillo:

2	pimientos amarillos asados (vea Básicos)
1	cucharadita de mantequilla
1	poro, la parte blanca solamente, finamente rebanado
1	cucharada de tomillo fresco picado
1	cucharada de jugo de limón
¼	de taza de jugo de almejas
½	taza de leche *light*

1   cucharada de maranta mezclada con tres cucharadas de
    vermouth
    sal y pimienta blanca al gusto

Precaliente el horno a 350°.

Coloque el lenguado, escalopes y ajo en un procesador con la
hoja de metal. Pique un poco el pescado. Añada lentamente la
leche evaporada y la leche. Procese hasta que la mezcla comience
a molerse.

Sofría los champiñones y la cebolla en un sartén antiadherente
rociado con aceite vegetal en aerosol hasta que las cebollas estén
blandas. Agregue al procesador y procese hasta que esté bien
incorporado. Agregue la espinaca, claras de huevo, tomillo, sal y
pimienta. Procese hasta que esté bien molido.

Rocíe seis cazuelitas individuales con aceite vegetal en aerosol.
Divida la mezcla de pescado en seis partes iguales y llene las
cazuelitas. Alise la superficie superior de cada molde y cubra con
un trozo de papel encerado del mismo tamaño que el molde,
que haya sido rociado con aceite vegetal en aerosol. Coloque las
cazuelitas dentro de un molde para asar y llene este último con
agua caliente hasta la mitad de los moldecitos. Hornee por 25
minutos. Saque del horno y deje reposar unos pocos minutos.

Para preparar la salsa: coloque los pimientos en un procesador
con la hoja de menta y muela. Sofría el poro y tomillo en la
mantequilla y agregue a los pimientos. Vuelva a moler. Coloque
la mezcla en una olla y añada el jugo de limón, jugo de almejas y
leche. Caliente y mezcle bien. Añada la mezcla de maranta y
revuelva hasta que la mezcla se espese. Sazone con sal y pimienta.

Coloque dos cucharadas de la salsa en cada plato. Quite el
papel encerado de las cazuelitas y desmolde el mousse sobre los
platos. Rocíe con un poco de tomillo fresco.

Cada porción contiene:

174	calorías	16 g	carbohidratos
20 g	proteínas	412 mg	sodio
3 g	grasas	38 mg	colesterol
1 g	fibra dietética		

6

Aves

Las aves son muy apreciadas, ya que están llenas de proteínas y son bajas en grasa (cuando se les quita la piel y no han sido fritas). A muchos de nosotros nos encanta el pollo frito, pero hay muchas maneras nuevas, deliciosas y saludables de cocinar el pollo, aparte de freírlo.

El pollo es económico y puede ser rápido y sencillo de cocinar. A diferencia de la carne roja, las aves nunca deben servirse término medio, dado que esto puede ser peligroso. Las aves bien cocidas tienen que ser opacas y de color blanco.

Las aves se complementan con una multitud de sabores. Son deliciosas cuando se agregan a las pastas, vegetales salteados, ensaladas, sopas y guisados. Siéntase con la libertad de agregar ajo, y en grandes cantidades, a cualquier receta que invente usted, porque el ajo hace sobresalir el mejor sabor en las aves.

Pollo asado al limón con salsa ácida

*Me encanta el pollo al limón frito de los restaurantes chinos.
Para esta receta saludable, que tiene un maravilloso sabor a limón,
hemos reducido la grasa.*

Rinde ocho porciones

Pollo asado al limón:

4 pechugas de pollo, cortadas en mitades, deshuesadas y sin
   piel
4 dientes de ajo picados
½ taza de jugo de limón fresco
¼ de taza de tequila

Salsa de limón:

2 cucharaditas de mantequilla
¼ de taza de poro cortado en rajas finitas
¼ de taza de zanahoria cortada en rajas finitas
1 cucharada de perejil fresco picado
1 cucharada de estragón fresco picado
1 taza de caldo de pollo desgrasado
¼ de taza de jugo de limón
2 cucharadas de tequila
2 cucharaditas de cáscara de limón rallada
2 cucharaditas de fécula de maíz mezclada con una cucharada
   de agua
   sal y pimienta al gusto

Acomode las pechugas en un recipiente o cacerola. Mezcle el
ajo, jugo de limón y tequila. Vierta sobre el pollo y marine por
30 minutos, volteando el pollo un par de veces.

Ase el pollo hasta que esté cocido, alrededor de cinco o seis
minutos de cada lado.

Mientras tanto, prepare la salsa. Fría el poro, zanahoria y cáscara de limón, y cocine por cinco minutos. Espese con la mezcla de fécula de maíz y sazone con sal y pimienta.

Cada porción contiene:

171 calorías	3 g carbohidratos
28 g proteínas	214 mg sodio
3 g grasas	71 mg colesterol
0 g fibra dietética	

Horneado de pollo y alubias

Este platillo es similar a una cacerola francesa, pero sin los ingredientes de alto contenido en grasa, tales como el tocino y chorizo. No los extrañará en esta suculenta y sabrosa cacerola.

Rinde 10 porciones

750 g de alubias secas remojadas en agua toda la noche
        aceite vegetal en aerosol
4   pechugas de pollo, cortadas en cuartos, deshuesadas y
        sin piel
500 g de cordero magro, cortado en trozos pequeños
1 ½   cucharaditas de saborizante ahumado
1   cucharada de aceite de oliva
2   cebollas grandes picadas
8   dientes de ajo, finamente rebanados
4   zanahorias peladas y rebanadas
4   tallos apio con hojas, picados
1 ½   cucharaditas de pimienta
1   cucharadita de tomillo seco
1   cucharadita de mejorana seca

1 cucharadita de estragón seco
1 cucharadita de menta seca
2 hojas de laurel
3 tazas de caldo de pollo desgrasado
½ taza de vermouth
1 lata de 900 g de salsa de tomate
  perejil fresco picado para decorar

Precaliente el horno a 350°.

Escurra las alubias después de remojar. Dore el pollo en un sartén antiadherente rociado con aceite vegetal en aerosol. Retire el pollo y dore el cordero. Retire el cordero. Rocíe el pollo y el cordero con saborizante ahumado y refrigere hasta que lo necesite, manteniendo las carnes separadas, porque se añadirán en momentos diferentes.

En una parrilla grande para asar, acitrone las cebollas y ajo en el aceite de oliva. Cuando las cebollas se ablanden, añada las zanahorias, apio, pimienta, hierbas, caldo, vermouth y salsa de tomate. Añada las alubias y deje hervir.

Cubra y hornee por una hora. Añada el cordero y hornee por 30 minutos más. Agregue el pollo y hornee otros 40 minutos, hasta que el pollo esté bien cocido. Destape y hornee 10 minutos más. Rocíe con perejil y sirva. Puede agregar más caldo o vermouth si se requiere mientras cocina.

Cada porción contiene:

498 calorías	59 g carbohidratos
49 g proteínas	922 mg sodio
7 g grasas	85 mg colesterol
30 g fibra dietética	

Burritos de pollo y frijoles negros con salsa de crema ácida y tomate

Estos burritos no tienen ni queso ni guacamole, se utiliza crema ácida light y tienen un fantástico sabor.

Rinde alrededor de ocho burritos

Burritos:

	Aceite vegetal en aerosol
	tres medias pechugas de pollo, deshuesadas, sin piel y cortadas en dados
1	cebolla picada
1	cabeza de ajo, blanqueado (vea Básicos) y picado
¼	de taza de pimiento rojo picado
¼	de taza de pimiento amarillo picado
1	zanahoria rallada
2	tazas de frijoles negros cocidos (vea Básicos)
	sal y comino al gusto
	jugo de una lima
1	taza de arroz crudo
2 ½	tazas de caldo de pollo desgrasado
1	cucharada de pasta de tomate
8	tortillas de harina grandes

Salsa:

1	taza de crema ácida *light*
1	tomate fresco grande, picado
1	cucharada de cilantro picado
1	cucharada de cebolla de verdeo, finamente rebanada
	sal y pimienta al gusto

Rocíe un sartén antiadherente con el aceite vegetal en aerosol y sofría el pollo hasta que ya no se vea rosa. Retire el pollo, vuelva a rociar con el aceite vegetal en aerosol y agregue la cebolla, ajo, pimiento y zanahoria. Cocine hasta que los vegetales comiencen a ablandarse. Coloque los vegetales y el pollo en una olla y añada los frijoles, sal, comino, jugo de lima y arroz. Mezcle el caldo de pollo con la pasta de tomate y añada. Mezcle bien, tape y cocine hasta que el arroz esté hecho, alrededor de 20 a 25 minutos. Enfríe un poco.

Elabore la salsa combinando todos los ingredientes.

Para formar los burritos: coloque la mezcla de pollo con frijoles en el centro de una tortilla de harina. Tome de los bordes y enrolle. Me gusta poner los burritos en el microondas por dos minutos (o al vapor si no tiene microondas) y luego cubro cada burrito con una cucharada de salsa.

Cada porción contiene:

559	calorías	82 g	carbohidratos
37 g	proteínas	807 mg	sodio
8 g	grasas	51 mg	colesterol
5 g	fibra dietética		

Pollo ahogado en ajo

Sirva este pollo con baguette para poder untar en él el ajo cocido. ¡Es suculento!

Rinde ocho porciones

4 pechugas de pollo divididas, deshuesadas y sin piel
   aceite de oliva en aerosol

2   cabezas de ajo blanqueadas (vea Básicos)
2   tazas de tomates frescos picados
½   taza de vino blanco
½   taza de caldo de pollo desgrasado
2   cucharadas de estragón fresco picado
½   cucharadita de mejorana seca
     sal y pimienta recién molida al gusto
     perejil fresco para adornar

Precaliente el horno a 350º.

Sofría las pechugas en un sartén antiadherente usando el aceite de oliva en aerosol. Acomode las pechugas en el fondo de un molde para hornear. Coloque los dientes de ajo sobre las pechugas. Agregue los tomates, vino, caldo, estragón y mejorana. Sazone con sal y pimienta. Tape muy bien el molde y hornee de 45 a 50 minutos.

Cada porción contiene:

170 calorías	8 g	carbohidratos
29 g proteínas	146 mg	sodio
2 g grasas	68 mg	colesterol
1 g fibra dietética		

Pollo envinado

Rinde seis porciones

6   medias pechugas de pollo, deshuesadas y sin piel
½   taza de harina
½   cucharadita de sal
½   cucharadita de pimienta
1   cucharada de perejil seco
1   cucharada de estragón
4   dientes de ajo picados

1	cucharadita de aceite de oliva
1	cucharadita de mantequilla
½	taza de cebolla de verdeo en cuadritos
1	taza de vino blanco seco
	jugo de un limón
½	taza de leche evaporada *light*
1 a 3	cucharadas de alcaparras
	sal y pimienta recién molida al gusto

Aplane las pechugas entre dos trozos de papel encerado hasta que estén finas. Mezcle la harina, sal, pimienta, perejil y estragón. Enjuague las pechugas en agua y luego sumerja en la mezcla de harina. Sofría el pollo y ajo en la mezcla de aceite de oliva y mantequilla hasta que estén doradas y el pollo se haya cocido.

Mientras tanto, ponga la cebolla de verdeo y el vino en una olla pequeña y hierva hasta que el líquido se haya reducido a la mitad. Añada el jugo de limón y la leche evaporada. Agregue alcaparras al gusto. Sazone con sal y pimienta recién molida. Cocine por dos minutos hasta que esté bien amalgamado.

Vierta la salsa sobre el pollo y sirva.

Cada porción contiene:

209 calorías	13 g	carbohidratos
30 g proteínas	365 mg sodio	
3 g grasas	74 mg	colesterol
1 g fibra dietética		

Pollo salteado

Rinde seis porciones

500 g	de pechuga de pollo deshuesada, sin piel y cortada en cuadritos

4   cucharadas de fécula de maíz
2   cucharaditas de aceite de ajonjolí
      aceite vegetal en aerosol
1/3   de taza de salsa de soya *light*
2   cucharadas de salsa de ostión
2   cucharadas de vinagre de arroz
¾   cucharadita de azúcar
1/3   de taza de agua
4   dientes de ajo picados
1   cebolla mediana finamente picada
2 ½   de taza de ramitos de brócoli
3   bok choys pequeños, la parte blanca solamente, cortados
      en trocitos
¾   de taza de zanahoria rebanada en diagonal

Pase el pollo trozado por una cucharada de agua mezclada con dos cucharaditas de fécula de maíz. Deje reposar mientras pica los vegetales.

En un sartén antiadherente, ponga una cucharadita de aceite de ajonjolí. Rocíe el sartén con un poco de aceite vegetal en aerosol. Sofría la mitad del pollo hasta que esté casi cocido. Retire del sartén y repita con el resto del pollo. Aparte.

Mezcle la salsa de soya, salsa de ostión, vinagre y azúcar en un plato pequeño. En otro plato pequeño mezcle el caldo, 1/3 de taza de agua y las dos cucharaditas de fécula de maíz restantes. Reserve.

Rocíe un sartén con aceite vegetal en aerosol y fría el ajo y la cebolla hasta que el ajo se empiece a dorar. Agregue los vegetales y de dos a tres cucharadas de agua. Cubra el sartén y cocine los vegetales dos minutos. Agregue el pollo y la mezcla de soya, cubra y cocine dos minutos más. Añada la mezcla de fécula de maíz mientras revuelve. Mezcle bien y cocine de dos a tres minutos o hasta que espese. Sirva sobre arroz blanco.

Cada porción contiene:

168	calorías	13 g carbohidratos
22 g	proteínas	917 mg sodio
3 g	grasas	44 mg colesterol
3 g	fibra dietética	

Pollo agridulce

Rinde seis porciones

6 medias pechugas de pollo, deshuesadas, sin piel y cortadas en dados grandes

4 dientes de ajo picados
   aceite de ajonjolí en aerosol

¼ de taza de azúcar morena

¼ de taza de vinagre de vino tinto mezclado con 3 cucharaditas de fécula de maíz

¼ de litro de caldo de pollo desgrasado

½ taza de trocitos de piña con jugo

1 cucharada de salsa de soya

½ cucharadita de jengibre fresco rallado

¼ de taza de pimiento verde picado

¼ de taza de brotes de bambú

¼ de taza de cebolla de verdeo picada

Mezcle el pollo con el ajo y deje marinar por 15 minutos.

Sofría el pollo en un sartén rociado con el aceite de ajonjolí en aerosol hasta que esté apenas dorado. Retire el pollo y agregue los ingredientes restantes al sartén. Mezcle bien y cocine hasta que la salsa comience a espesar. Agregue el pollo y cocine dos minutos para que se absorban los sabores.

Cada porción contiene:

194 calorías   16 g   carbohidratos
28 g proteínas   294 mg sodio
2 g grasas   69 mg colesterol
0 g fibra dietética

Pollo chino

Los brotes de bambú, salsa de frijoles negros y semillas de ajonjolí negro los encuentra en cualquier mercado oriental y en algunas tiendas especializadas. Me agrada servir este colorido platillo sobre arroz blanco en platos negros.

Rinde seis porciones

3   medias pechugas de pollo deshuesadas, sin piel y cortadas en trocitos
1   cucharadita de fécula de maíz con 2 cucharadas agua
5   dientes de ajo picados
     aceite de ajonjolí en aerosol (vea Básicos)
¼   de taza de pimiento rojo cortado en rajas finitas
¼   de taza de pimiento verde cortado en rajas finitas
1/3   de taza de champiñones rebanados
1/3   de taza de brotes de bambú
1   tallo de apio finamente rebanado
1/3   de taza de zanahorias rebanadas
2   cebollas de verdeo rebanadas
1   cucharadita de jengibre fresco rallado
2   cucharadas de salsa de soya
1/3   de taza de caldo de pollo desgrasado
2   cucharadas de salsa de ostión
1   cucharada de salsa de frijoles negros
     pasta de chili al gusto (a mí me gusta picoso)
     semillas de ajonjolí negras

Mezcle el pollo en trocitos con la mezcla de fécula de maíz y agua. Deje reposar mientras rebana los vegetales.

Sofría el pollo y ajo en aceite de ajonjolí en aerosol hasta que el pollo esté cocido. Retire el pollo y, al mismo sartén, añada los pimientos verdes, brotes de bambú, apio y zanahoria. Añada dos cucharadas de agua al sartén, cubra y cocine por dos o tres minutos. Añada los demás ingredientes (excepto las semillas de ajonjolí negras). Mezcle bien y agregue el pollo. Cocine de tres a cinco minutos para que los sabores se absorban y hasta que los vegetales estén cocidos todo lo tierno que los desee. Rocíe con unas pocas semillas de ajonjolí negras y sirva de inmediato.

Cada porción contiene:

180	calorías	7 g	carbohidratos
30 g	proteínas	725 mg	sodio
3 g	grasas	68 mg	colesterol
1 g	fibra dietética		

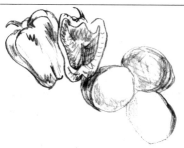

Pechugas de pollo rellenas

Estas pechugas tienen un bello patrón cuando se rebanan y pueden servirse frías o calientes. También se pueden servir como aperitivo o como parte de una ensalada. El papel para hornear puede conseguirse en tiendas de alimentos especializadas.

Rinde seis pociones como platillo principal

6   medias pechugas deshuesadas y sin piel
½ taza de queso ricotta desgrasado
1   clara de huevo

3	dientes de ajo picados
½	cucharadita de pimienta
½	cucharadita de orégano seco
	sazonador vegetal
1	cucharadita de cilantro fresco picado
6	hojas grandes de espinaca, lavada y seca
6	zanahorias cortadas en tiras de ¼ de pulgada de ancho por 3 pulgadas de largo
6	tallos de apio cortados en tiras de ¼ de pulgada de ancho por 3 pulgadas de largo
125 g	de jamón, cortado en tiras de ¼ de pulgada de ancho por 3 pulgadas de largo
¾	de taza de salsa molida
1	taza de pan molido

Precaliente el horno a 375°.

Prepare las pechugas de pollo aplanándolas entre dos trozos de papel encerado.

En un recipiente mezcle la ricotta, clara de huevo, ajo, pimienta, orégano, sazonador vegetal y cilantro.

Tome una pechuga aplanada y coloque una hoja de espinaca sobre ella. Unte la espinaca con 1 ½ a 2 cucharadas de la mezcla de queso. Coloque una tira de zanahoria, apio y jamón sobre el queso. Rocíe con un poco de sazonador vegetal. Enrolle las pechugas cuidadosamente. Pase por la salsa y luego por el pan molido. Acomode en un molde para galletas forrado en papel para hornear. Continúe hasta que estén preparadas todas las pechugas. Hornee de 30 a 40 minutos.

Cada porción contiene:

309	calorías	26 g	carbohidratos
38	proteínas	758 mg	sodio
6 g	grasas	82 mg	colesterol
4 g	fibra dietética		

Pollo y bolitas de masa

*El pollo con bolitas de masa es un viejo favorito. No tenemos
motivos para ansiar las maravillosas, pero pesadas, recetas antiguas
con versiones como ésta, bajas en calorías.*

Rinde ocho porciones

Pollo y caldo:

½	taza de harina
½	cucharadita de pimienta
4	pechugas de pollo sin piel y cortadas en cuartos
	aceite vegetal en aerosol
500 g	de cebollitas, escurridas (una lata)
6	dientes de ajo picados
4	tazas de caldo de pollo desgrasado
½	taza de vermouth
1	cucharadita de tomillo seco
1	cucharadita de perejil seco
1	cucharadita de albahaca seca
1	cucharadita de estragón seco
2	zanahorias en rebanadas gruesas
1	taza de champiñones rebanados
½	taza de apio en rebanadas gruesas
2	papas peladas y en dados grandes
	sal y pimienta al gusto

Bolitas de masa:

1 ½	taza de harina
1	cucharadita de pimienta
1	cucharadita de tomillo
1	cucharadita de estragón
1 ½	cucharaditas de polvo para hornear
2	cucharadas de queso crema desgrasado
3	dientes de ajo picado
1	cucharada de perejil fresco picado
¼	de taza de sustituto de huevo
1	taza de leche *light*

Precaliente el horno a 350°. Mezcle ½ taza de harina con ½ cucharadita de pimienta. Espolvoree el pollo con la mezcla de harina. Sofría en un sartén antiadherente rociado con aceite vegetal en aerosol. Cuando se haya dorado todo el pollo, reserve. En el mismo sartén, sofría las cebollitas y ajo hasta que este último comience a cambiar de color. Ponga las cebollitas, ajo y pollo en una parrilla para asar en el horno. Añada el caldo, vermouth y hierbas secas. Caliente sobre la hornilla hasta que rompa el hervor. Cubra y ase por 15 minutos. Agregue las zanahorias, champiñones, apio y papas y cocine por 20 minutos más. Retire del horno y forme las bolitas.

Para formar las bolitas: mezcle la harina, pimienta, tomillo, estragón y polvo para hornear. Corte el queso crema y mézclelo con la harina con una batidora de pasteles o tenedor. Añada el ajo, perejil, sustituto de huevo y leche. No mezcle demasiado, sólo mezcle hasta que todos los ingredientes estén mojados.

Ponga la parrilla para asar sobre la hornilla y tire cucharadas de la mezcla para las bolitas sobre el pollo. Cubra y hierva a fuego lento por 20 minutos. No quite la tapa una vez que hayan sido agregadas las bolitas. Sazone con sal y pimienta al gusto antes de servir.

Cada porción contiene:

339 calorías	40 g carbohidratos
36 g proteínas	941 mg sodio
3 g grasas	70 mg colesterol
3 g fibra dietética	

Pollo con papas

Rinde seis porciones

3   pechugas de pollo, cortadas al medio y sin piel
1/3 de taza de harina mezclada con un ¼ de cucharadita de
     sal y otro tanto de pimienta
     aceite vegetal en aerosol
1   cucharada de mantequilla
3   papas, cortadas en seis partes cada una
½   taza de cebolla de verdeo rebanada
6   dientes de ajo picados
2   cucharadas de harina
1 ½ taza de vino blanco
2   tazas de caldo de pollo desgrasado
1/3 de taza de albahaca fresca picada
¼   de taza de perejil fresco picado
2   cucharaditas de pimienta
1   lata de 440 g de corazones de alcachofa (no marinados)
     perejil fresco picado para decorar

Sumerja el pollo en la mezcla de harina, sal y pimienta. Sofría
en una olla antiadherente que haya sido rociada con aceite vegetal
en aerosol hasta que el pollo se haya dorado. Retire el pollo y
sofría en mantequilla las papas, cebolla de verdeo y ajo por
cinco minutos. Añada dos cucharadas de harina y cocine hasta
que no se vea nada del blanco de la harina. Añada el vino y el
caldo revolviendo y deje hervir a fuego lento, revolviendo hasta
que no haya grumos. Añada la albahaca, perejil y dos cucharaditas
de pimienta. Vuelva a poner el pollo en la olla y agregue los
corazones de alcachofa. Cocine a fuego lento de 40 a 50 minutos.
Sirva rociado con perejil fresco.

Cada porción contiene:	
285 calorías	28 g carbohidratos
33 g proteínas	548 mg sodio
4 g grasas	74 mg colesterol
4 g fibra dietética	

Pollo con pimientos

Rinde cuatro porciones

2	pechugas de pollo cortadas en mitades y sin piel
1	cucharada de aceite de oliva virgen
8	dientes de ajo, finamente rebanados
½	pimiento rojo, cortado en tiras finitas
½	pimiento verde, cortado en tiras finitas
½	cebolla pequeña, cortada en rebanadas finas
1 ½ a 2	tazas de caldo de pollo desgrasado
3	tomates pelados y cortados en cuadritos
1/3	de taza de albahaca fresca picada
1	cucharada de perejil fresco picado
2/3	de taza de vino blanco
1	taza de leche evaporada *light*
	sal y pimienta al gusto
1	cucharada de queso parmesano recién rallado

Sofría las pechugas en aceite hasta que estén doradas. Retire y ponga el ajo, pimientos y cebolla en el sartén. Añada dos cucharadas del caldo de pollo y cocine hasta que éste se haya evaporado. Agregue los tomates, albahaca, perejil, 1 ½ tazas de caldo y el vino. Vuelva a poner las pechugas en la olla. Cocine a fuego lento, tapado, por 40 minutos. Agregue caldo si es necesario y voltee las pechugas una o dos veces mientras se cocinan. Retire la tapa y añada la leche evaporada. Sazone con sal y pimienta. Entibie con cuidado una vez que haya agregado la leche. Coloque en una fuente y espolvoree con el queso parmesano.

Cada porción contiene:

302	calorías	14 g	carbohidratos
27 g	proteínas	590 mg	sodio
13 g	grasas	68 mg	colesterol
1 g	fibra dietética		

Gallinitas tiernas asadas al limón

En esta receta cocino las gallinitas con la piel y luego la quito antes de comerlas. Este marinado le dará mucho y delicioso sabor, aun sin la piel.

Rinde cuatro porciones

4	gallinitas pequeñas
1	taza de jugo de limón fresco (no use embotellado)
¼	de taza de tomillo fresco picado
4	cucharadas de ajo picado
1	escalonia picada
¼	de taza de tequila
2	cucharaditas de pimienta negra
1 ½	cucharadita de sal marina
	rebanadas finas de limón para decorar

Corte las gallinitas por la espalda y ábralas presionando sobre el hueso de la pechuga. Atraviese cada una de las aves con un pincho para brocheta de ala a ala, así las gallinas permanecerán abiertas al cocinarse.

Mezcle el jugo de limón, tomillo, ajo, escalonia y tequila. Muela la pimienta y sal marina juntas y frote las gallinitas. Acomode las aves en un molde y vierta el jugo de limón sobre ellas. Cubra y marine en el refrigerador por lo menos dos horas. Ase por 40 minutos. Sirva decoradas con el limón finamente rebanado.

Cada porción contiene:

334	calorías	5 g	carbohidratos
31g	proteínas	644 mg	sodio
15 g	grasas	97 mg	colesterol
0 g	fibra dietética		

Pechuga de pavo rellena con salsa de vino

Un maravilloso platillo para fiestas, y puede ser preparado con anticipación. Si lo hace, asegúrese de sacarlo del refrigerador al menos 30 minutos antes de hornear para que las pechugas estén bien calientes cuando la masa esté dorada. La salsa también puede ser hecha con anticipación. El papel para hornear puede conseguirse en las tiendas especializadas de alimentos.

Rinde 10 porciones

Pechugas de pavo rellenas:

- 1 pechuga de pavo de 125 g enrollada, entibiada y aplanada aceite vegetal en aerosol sabor mantequilla
- 3 cucharadas de cebolla de verdeo picada
- 3 cucharadas de pimiento rojo picado
- 2 cucharadas de apio picado
- 315 g de espinacas congeladas, cocidas y escurridas
- 1 taza de queso ricotta desgrasado
- 5 dientes de ajo picados para el relleno
- 2 cucharadas de queso parmesano rallado

1 clara de huevo
1 cucharadita de orégano seco
½ cucharadita de salvia seca
1 cucharadita de estragón
4 dientes de ajo, picados para frotar en el pavo
  sal y pimienta
7 hojas de masa
1 clara

Salsa de vino:

2 tazas de caldo de pollo desgrasado
1 taza de vino blanco
1 taza de leche evaporada *light*
2 cucharaditas de fécula de maíz mezcladas con dos cucharadas de agua
  aceite vegetal en aerosol
1 cucharada de cebolla de verdeo picada
¼ de taza de champiñones rebanados
½ cucharadita de sal
½ cucharadita de pimienta blanca

Precaliente el horno a 450°.

Desenrolle la pechuga de pavo y aplane. Coloque un poco de hilo de cocina debajo del pavo para que pueda atarla cuando la haya rellenado.

Rocíe una olla antiadherente con el aceite vegetal en aerosol sabor mantequilla y sofría la cebolla de verdeo, pimiento y apio, hasta que estén blandos. Retire del fuego y añada la espinaca, queso ricotta, cinco dientes de ajo picado, queso parmesano, clara de huevo y hierbas secas. Mezcle bien. Extienda la mezcla uniformemente sobre el pavo. Enrolle la pechuga con cuidado y ate con el hilo. Frote la pechuga con cuatro dientes de ajo picado y espolvoree con sal y pimienta.

Cuando ponga la pechuga al horno, baje inmediatamente la temperatura a 350°. Hornee por 1 ½ horas. Retire del horno y deje enfriar por completo. Refrigere si lo va a servir más tarde.

Para formar el producto terminado: acomode una hoja de masa sobre una superficie plana. Rocíe con aceite vegetal en aerosol sabor mantequilla. Continúe haciendo capas de masa y rociándolas con aceite vegetal en aerosol hasta que tenga una pila de seis hojas. Retire el hilo y piel del pavo. Seque con una toalla de papel. Acomode el pavo sobre la masa. Unte los bordes de la masa con huevo (una clara mezclada con una cucharada de agua). Cubra cuidadosamente toda la pechuga, extremos y todo, con masa, envolviéndola como si fuera un paquete. Coloque la juntura para abajo sobre un molde para horno forrado con papel para hornear.

Rocíe toda la superficie del paquete con aceite vegetal en aerosol. Hornee a 400° hasta que la masa esté bellamente dorada, alrededor de 20 a 30 minutos.

Para preparar la salsa: combine el caldo, vino y leche en una olla gruesa. Reduzca a una taza cocinando lentamente. Agregue la mezcla de fécula de maíz y revuelva hasta que la salsa espese y esté suave y satinada.

En un sartén antiadherente aparte, rociado con aceite vegetal en aerosol, sofría la cebolla de verdeo y champiñones hasta que estén tiernos. Añada a la salsa y sazone con sal y pimienta. Rinde 1 ¼ taza de salsa.

Sirva el pavo con dos cucharadas de salsa por persona.

Cada porción contiene:

310	calorías	13 g carbohidratos
52g	proteínas	554 mg sodio
4 g	grasas	117 mg colesterol
1 g	fibra dietética	

Pechuga de pollo a la plancha

Este sencillo marinado es también sobresaliente sobre el pollo, gallinitas tiernas, puerco o carne roja.

Rinde seis porciones

1 kg de pechuga de pavo deshuesado y sin piel
3   dientes de ajo picado
       sal y pimienta
½   taza de caldo de pollo desgrasado
½   taza de salsa de soya light
½   taza de vinagre de arroz
1 ½   cucharaditas de azúcar
2   cucharaditas de fécula de maíz mezclada con dos cucharadas de agua

Frote la pechuga de pavo con ajo, sal y pimienta. Mezcle el caldo, salsa de soya y vinagre de arroz en un sartén y haga hervir. Retire del fuego y enfríe. Vierta la mitad de la salsa sobre el pavo y deje marinar 20 minutos. Tome la otra mitad de la salsa, añada el azúcar, recaliente y espese con la mezcla de fécula de maíz. Ase la pechuga utilizando la salsa espesada para mojar el pavo.

Cada porción contiene:

293 calorías	8 g	carbohidratos
58 g proteínas	960 mg sodio	
2 g grasas	141 mg colesterol	
0 g fibra dietética		

Stroganoff de pavo

El ajo asado no sólo sabe delicioso, sino que también espesa la salsa.
Puede reemplazar el pavo con carne magra o pollo.

Rinde seis porciones

500 g	de pechuga de pavo, deshuesada, sin piel y finamente rebanada
	aceite vegetal en aerosol sabor mantequilla
¼	de taza de cebolla de verdeo picada
½	taza de champiñones
1/3	de zanahoria en rajas finitas, sancochada
1	cabeza de ajos, asados (vea Básicos)
¼	de taza de caldo de pollo desgrasado
1	cucharadita de salsa Worcestershire
½	cucharadita de mantequilla
½	taza de jerez seco
½	taza de crema ácida *light*
185 g	de fideos cocidos

Sofría el pavo en un sartén antiadherente rociado con aceite vegetal en aerosol sabor mantequilla. Retire el pavo cuando esté cocido. Sofría la cebolla de verdeo, champiñones y zanahoria en aceite vegetal en aerosol hasta que los champiñones comiencen a ablandarse.

Exprima todo el ajo asado y muela. Al ajo añádale el caldo, salsa Worcestershire, mantequilla y jerez seco. Mezcle hasta que esté bien homogeneizado. Añada la mezcla a los vegetales y cocine por dos minutos. Baje el fuego y revuelva suavemente añadiendo la crema ácida y sazone con sal y pimienta. Cocine un minuto más. Revuelva el pavo y cocine suavemente dos minutos más. Sirva sobre los fideos.

Cada porción contiene:

265 calorías   29 g   carbohidratos
25 g proteínas   154 mg sodio
2 g grasas   74 mg   colesterol
1 g fibra dietética

7

Carne

Algunos de mis recuerdos favoritos de mi niñez son de c o - midas increíbles con chuletas, estofados, costillitas, asados y bisteces con cebollas y champiñones. ¡Cómo me encantaba el aroma de un asado frotado con ajo mientras se cocinaba, sabía que estaría acompañado con budín de Yorkshire y deliciosas papas asadas! Bueno, esos días han quedado atrás y los estilos de vida y de comer han cambiado.

En la actualidad todos nos damos cuenta que debemos reducir la cantidad de carnes rojas en nuestra dieta. Sin embargo, la carne todavía puede formar parte de una dieta saludable si se come con moderación. La industria de la carne ha ayudado ofreciendo desgrasador cortes más magros de carne. Las porciones servidas deben ser limitadas de alrededor de 90 g (carne ya cocida) y el consumo reducido de alrededor de dos veces a la semana. Muchos países utilizan la carne casi como una guarnición, y ésa es una manera razonable de pensar en ella. Cuando guisa o añade fruta, vegetales o pasta a la carne, tiene una comida saludable y satisfactoria que ha utilizado muy poca carne mientras que al mismo tiempo ha satisfecho su ansiedad de una comida suculenta.

Cordero asado con peras y menta

*La aromática salsa de frutas hace de este cordero
un platillo inolvidable.*

Rinde 12 porciones

Cordero asado:

1 pierna de cordero de 1 ½ kg, deshuesada y con toda la
   grasa visible eliminada
6 dientes de ajo picados
   sal y pimienta

Salsa de peras:

2 peras firmes, peladas, sin semillas y cortadas a lo largo en
   ocho partes cada una
1 atado de cebollas de verdeo rebanadas diagonalmente
¼ de taza de menta fresca picada
2 cucharaditas de mantequilla
1 cucharada de azúcar
1 cucharada de salsa ostión
1 cucharada de salsa de soya
1 cucharadita de jengibre fresco rallado
1 taza de caldo de pollo desgrasado
½ taza de vino de ciruelas
2 cucharaditas de fécula de maíz mezclada con dos cucharadas de agua
   sal y pimienta al gusto

Frote el cordero con el ajo picado, sal y pimienta. Ase sobre
carbón caliente por 15 minutos de cada lado o hasta que alcance
el punto de cocción deseado.

Mientras tanto, sofría las peras, cebollas de verdeo, menta y
ajo picado en la mantequilla durante tres minutos. Añada el azúcar,

salsa de ostión, salsa de soya, jengibre, caldo y vino. Cocine por dos minutos. Añada la mezcla de fécula de maíz y cocine hasta que la salsa se espese. Pruebe y sazone con sal y pimienta. Sirva sobre el cordero asado.

Cada porción contiene:

221	calorías	10 g	carbohidratos
25 g	proteínas	380 mg	sodio
8 g	grasas	77 mg	colesterol
1 g	fibra dietética		

Costillitas de ternera con salsa de naranja

Una costilla de 250 g producirá una porción de 125 g, excluyendo el hueso, cuando se le quite toda la grasa.

Rinde cuatro porciones

Costillas de ternera:

4	costillas de ternera de 250 g. Quite toda la grasa.
4	dientes de ajo picados
	sal, pimienta y romero fresco picado
1	cucharada de aceite de oliva

Salsa de naranja:

¼	de taza de caldo de pollo desgrasado
¼	de taza de escalonias
3	dientes de ajo picados
500 g	de champiñones picados
½	taza de harina
1	taza de jugo de naranja
1	taza de agua
1	taza de caldo de pollo
1	cucharada de azúcar granulada

1 taza de azúcar morena
1 cucharada de romero fresco picado
1 cucharada de perejil fresco picado
1 cucharada de cáscara de naranja rallada
2 cucharadas de licor de naranja

Frote las costillas con cuatro dientes de ajo picados, sal, pimienta y romero fresco. Sofría las costillas en el aceite de oliva sobre un sartén muy caliente hasta que estén bien doradas. Retire las costillas y añada ¼ de taza de caldo de pollo, escalonias, tres dientes de ajo picado y champiñones al sartén. Cocine hasta que todo el líquido se haya evaporado. Añada la harina mientras revuelve y cocine hasta que no quede nada del blanco de la harina. Añada batiendo una taza de jugo de naranja, una de agua y una de caldo. Cueza hasta que esté suave. Añada los ingredientes restantes y mezcle. Vuelva a poner las costillas en el sartén, cubra y cocine a fuego lento hasta que las costillas estén tiernas, entre 25 y 35 minutos.

Cada porción contiene:

459 calorías	37 g carbohidratos
44 g proteínas	413 mg sodio
15 g grasas	142 mg colesterol
2 g fibra dietética	

Ternera asada con espárragos

Cuando salen los espárragos en primavera, son maravillosos en toda clase de platillos. Me encanta usar en esta receta los espárragos finos y crujientes que salen al mercado a principios de primavera, la salsa de pescado puede conseguirse en las tiendas de alimentos orientales.

Rinde seis porciones

375 g de escalopas de ternera cortados en tiras de ½ pulgada

1	cebolla pequeña, finamente rebanada
4	dientes de ajo, picados
½	cucharadita de aceite de ajonjolí
1	pimiento rojo cortado en tiras finas
750 g	de espárragos delgados, cortados diagonalmente en rebanadas de una pulgada
1	zanahoria cortada diagonalmente en rebanadas finas
½	taza de caldo de res desgrasado
2	cucharaditas de pasta de chili
½	taza de salsa de pescado
1	cucharada de catsup
2	cucharadas de salsa de soya
1	cucharadita de jengibre fresco molido
1/3	de taza de vino blanco
2	cucharaditas de azúcar
2	cucharaditas de fécula de maíz mezcladas con dos cucharadas de agua
	sal y pimienta al gusto

Sofría la ternera, cebolla y ajo en el aceite de ajonjolí hasta que la carne esté rosa pálido. Agregue el pimiento, espárragos y zanahoria. Vierta dos cucharadas del caldo de res y deje cocinar por dos minutos. Añada los ingredientes restantes, excepto la fécula de maíz, y mezcle bien. Cocine hasta que los vegetales estén listos. Agregue la mezcla de fécula de maíz y cocine hasta que espese. Pruebe y corrija la sazón.

Cada porción contiene:

192	calorías	16 g carbohidratos
20 g	proteínas	499 mg sodio
5 g	grasas	44 mg colesterol
2 g	fibra dietética	

Carne y ajo

Rinde cuatro porciones

500 g de sirloin, finamente rebanado
6   dientes de ajo finamente rebanados
      aceite vegetal en aerosol
2   cebollas de verdeo rebanadas
250 g de bok choy rebanado
3   cucharadas de salsa de soya light
1   cucharada de salsa de ostión
1/3   de caldo de res desgrasado
1   tomate pelado y cortado en ocho
      sal y pimienta al gusto

Mezcle la carne y el ajo y deje reposar por 10 minutos. Fríalos en una sartén antiadherente rociados con el aceite vegetal en aerosol. Cuando la carne esté cocida, retire. En la misma sartén acitrone las cebollas de verdeo y el bok choy hasta que estén tiernos. Vuelva a añadir la carne y agregue salsa de soya, salsa de ostión, caldo de res y tomate y cocine por tres minutos. Sazone con sal y pimienta al gusto.

Cada porción contiene:

186 calorías	7 g	carbohidratos
27 g proteínas	804 mg	sodio
6 g grasas	69 mg	colesterol
1 g fibra dietética		

Cuete relleno con salsa de poros

Un magnífico platillo principal cuando se esperan visitas.

Rinde 12 porciones

Relleno:

1 ½ tazas de champiñones rebanados

½ taza de espinaca fresca picada
4 dientes de ajo picados
¼ de cebolla de verdeo rebanada
  aceite vegetal en aerosol
1 cucharadita de sazonador vegetal
3 cucharadas de caldo de res desgrasado
3 cucharadas de brandy
  sal y pimienta recién molida al gusto

Carne:

1 cuete de 1 ½ kg
3 dientes de ajo picados
  tomillo, sal y pimienta

Salsa de poros:

1 cucharada de mantequilla
2 poros, la parte blanca solamente, finamente rebanados
¼ de taza de harina
1 taza de caldo de res desgrasado
3 cucharadas de whisky
1 cucharada de perejil fresco picado
1 cucharadita de tomillo seco
  sal y pimienta al gusto

Precaliente el horno a 450°.

Para preparar el relleno: fría los champiñones, espinacas, cuatro dientes de ajo picado y cebolla de verdeo en un sartén antiadherente rociado con aceite vegetal en aerosol por cinco minutos. Agregue sazonador vegetal, tres cucharadas de caldo de res y brandy y cocine hasta que el líquido se evapore. Sazone al gusto con sal y pimienta, reserve.

Corte el cuete a lo largo y haga una bolsa en la carne. Rellene la carne con la mezcla de champiñones. Enrolle suavemente y ate la carne con hilo.

Frote el rollo de carne con tres dientes de ajo picados, tomillo, sal y pimienta. Coloque sobre una reja en una asadera y hornee por 20 minutos. Baje el fuego a 375° y hornee por una hora más, o hasta que alcance el punto de cocción deseado.

Para hacer la salsa: ponga la mantequilla en un sartén antiadherente y fría los poros. Cuando estén blandos añada la harina y cocine hasta que ésta comience a dorarse. Añada batiendo una taza de consomé de carne, whisky, tomillo y perejil; sal y pimienta al gusto. Cocine hasta que espese y sirva con la carne.

Cada porción contiene:

235	calorías	6 g	carbohidratos
23 g	proteínas	163 mg	sodio
12 g	grasas	62 mg	colesterol
0 g	fibra dietética		

Carne asada con pimientos

Lo que sobre es delicioso frío, como una bella ensalada o relleno para tortas.

Rinde seis porciones

2 dientes de ajo picados para frotar en la carne
1 cuete de 500 g

1   cucharadita de orégano seco
1   cucharadita de albahaca seca
1   cucharadita de perejil seco
1/3 de taza de vinagre de vino tinto
1   hoja de laurel
1   cucharada de salsa Worcestershire
1   cucharada de salsa de soya
    jugo de un limón
¼   de taza de vino de Madeira
½   pimiento rojo picado
½   pimiento verde picado
½   pimiento amarillo picado
½   taza de champiñones rebanados
½   cebolla finamente rebanada
3   dientes de ajo, cortados en tiras finas para acitronar con
    los vegetales
1   cucharada de aceite de oliva
1   cubito de consomé de carne mezclado con ¼ de taza de
    agua hirviendo
2   cucharadas de fécula de maíz mezcladas con tres cucha-
    radas de agua
    sal y pimienta al gusto

Frote el ajo picado sobre la carne y colóquela en un plato.
Rocíe la carne con las hierbas secas. Mezcle el vinagre, hoja de
laurel, salsa Worcestershire, salsa de soya, jugo de limón y Madeira, y vierta sobre la carne. Deje marinar 20 minutos. Retire la
carne del marinado y guárdelo, ase la carne hasta que alcance el
punto de cocción que le guste.

Sofría los pimientos, champiñones, cebolla y ajo en tiritas en
aceite de oliva hasta que los vegetales estén *al dente*. Añada el
consomé y marinado de la carne. Agregue la fécula de maíz y
cocine la salsa hasta que espese. Sazone con sal y pimienta. Corte
la carne en rebanadas finas y sirva con dos cucharadas de salsa
por porción.

Cada porción contiene:

196 calorías   9 g   carbohidratos
16 g proteínas   392 mg sodio
9 g grasas   38 mg   colesterol
1 g fibra dietética

Guisado de brócoli y carne

Un platillo suculento que contiene muy poca carne.

Rinde ocho porciones

500 g carne magra o sirloin
4   dientes de ajo picados
1/3   de taza de salsa de soya
2   cucharadas de vinagre de arroz
1   cucharadita de azúcar
1   cucharadita de base para sopa de res o un cubito de
          consomé
1/3   de taza de agua
3   cucharaditas de fécula de maíz
          aceite vegetal en aerosol
1   cebolla chica finamente rebanada
½   taza de apio finamente rebanado
½   taza de zanahoria finamente rebanada
3   tazas de ramilletes de brócoli
½   taza de chícharos dulces

Congele parcialmente la carne (alrededor de tres horas) y rebane finamente (alrededor de 1/8 de pulgada de grosor) con cortadora de procesador o un cuchillo bien afilado. Deje que la carne se descongele por completo. Mezcle el ajo picado con la carne y deje reposar mientras corta los vegetales.

Mezcle la salsa de soya, vinagre, azúcar, base de sopa, agua y fécula de maíz y reserve.

Rocíe un wok con aceite vegetal en aerosol y fría la carne de a 250 g por vez hasta que toda esté cocida. Retire la carne. Rocíe nuevamente el wok con aceite vegetal en aerosol y agregue la cebolla. Fría unos minutos. Añada el apio, zanahorias y brócoli. Agregue dos cucharadas de agua, tape y cocine por otros dos minutos. Vuelva a revolver la mezcla de salsa de soya y agregue al wok. Tape y cocine otros dos minutos. Agregue la carne y los chícharos y cocine hasta que los vegetales se hayan cocido. Sirva con arroz.

Cada porción contiene:

119 calorías	9 g	carbohidratos
15 g proteína	842 mg	sodio
3 g grasa	35 mg	colesterol
2 g fibra dietética		

Chili aromático de Jill

Jill es una maravillosa amiga mía y también es una excelente cocinera, tal como verá cuando coma su delicioso chili.

Rinde 10 porciones

1 bolsa de 500 g de frijoles pintos
1 kg sirloin magro, cortado en dados pequeños
1 cucharada de aceite vegetal
2 cebollas grandes picadas
8 dientes de ajo picados
1 pimiento verde picado
aceite vegetal en aerosol
1 lata de 470 g y 2 latas de 910 g de salsa de tomate mexicana o normal
3 cucharadas de salsa Worcestershire

1 cucharada de polvo de chili
1 cucharada de comino
3 cucharadas de cilantro fresco picado
1 lata 220 g chiles verdes picados
1 taza de catsup
1 taza de agua
1 lata de cerveza
   sal al gusto

Cubra los frijoles y remoje toda la noche. Escurra y cocine en agua con sal por dos horas. Vuelva a escurrir.

Sofría la carne en aceite. Ponga los frijoles y la carne en una olla grande. Sofría la cebolla, ajo y pimiento en un sartén para asar rociado con aceite vegetal en aerosol, hasta que la cebolla esté suave. Agregue los vegetales a los frijoles. Agregue los ingredientes restantes y mezcle bien. Cocine a fuego lento por dos horas, revolviendo a menudo para que no se pegue.

Cada porción contiene:

395 calorías	54 g	carbohidratos
32 g proteínas	1,114 mg	sodio
7 g grasas	55 mg	colesterol
7 g fibra dietética		

Carne aromática

Durante años comí un platillo similar en uno de mis restaurantes favoritos y, finalmente, tuve que intentar hacerlo en casa. Es delicioso. Las botellas de cinco especias chinas se consiguen en la sección oriental de muchas tiendas de alimentos.

Rinde cuatro porciones

500 g de sirloin magro cortado en rebanadas de 1/8 de pulgada
6   dientes de ajo picado
2   cucharadas de salsa Hoisin

aceite vegetal en aerosol
1 cucharada de salsa de ostión
3 cucharadas de azúcar morena
1 cucharada de catsup
2 cucharadas de salsa de soya *light*
  una pizca de cinco especias chinas
½ cucharadita de pimienta blanca
  aceite de chili al gusto (este platillo me gusta picoso)

Rebane la carne muy finamente (congelarla durante tres horas antes de rebanar ayuda). Frote el ajo y salsa Hoisin en la carne. Marine por 20 minutos. Caliente un sartén y rocíe con aceite vegetal en aerosol. Fría la carne en porciones pequeñas hasta que esté apenas rosa. Agregue la salsa de ostiones, azúcar morena, catsup, salsa de soya, cinco especias chinas y pimienta blanca. Cocine hasta que el azúcar se haya derretido y todo esté bien combinado. Añada aceite de chili al gusto. El aceite de chili es muy picante, así que tenga cuidado. Puede servir este platillo con arroz, fideos de arroz o bollos de pan.

Cada porción contiene:

220	calorías	17 g	carbohidratos
26 g	proteínas	849 mg	sodio
5 g	grasas	69 mg	colesterol
0 g	fibra dietética		

Carne en salsa cremosa de champiñones

Este platillo es como un stroganoff bajo en grasas y una buena manera de acallar el antojo de carne sin comer demasiada.

Rinde seis porciones

500 g de sirloin cortado en tiras de ¼ de pulgada
5   dientes de ajo picado

1	cucharada de harina mezclada con 2 cucharadas de agua
1	cucharada de mantequilla
¼	de taza de cebolla de verdeo rebanada
¾	de taza de champiñones rebanados
	aceite vegetal en aerosol
1 ¼	tazas de caldo de res desgrasado
½	taza de vino tinto
1	cucharada de pasta de tomate
1	taza de crema ácida *light*
	sal y pimienta al gusto
250 g	de fideos sin huevo cocidos

Mezcle la carne y el ajo. Cubra toda la carne con la mezcla de harina y agua. Fría la carne en mantequilla retirando cuando dore. No cocine de más.

En el mismo sartén, acitrone la cebolla y champiñones agregando un poco de aceite vegetal en aerosol si es necesario. Añada el caldo, vino y pasta de tomate y cocine por tres minutos. Vuelva a poner la carne en el sartén. Agregue la crema ácida y continúe cocinando lentamente (no deje que burbujee después de añadir la crema ácida) hasta que quede suave y bien mezclado. Añada sal y pimienta al gusto. Si es necesario, puede espesar la salsa con una mezcla de fécula de maíz y agua. Sirva sobre fideos cocidos.

Cada porción contiene:

307	calorías	33 g	carbohidratos
25 g	proteínas	295 mg	sodio
6 g	grasas	51 mg	colesterol
2 g	fibra dietética		

Lomo de cerdo en salsa de frutas

Me gusta esta combinación de sabores dulces y aromáticos.

Rinde ocho porciones

Carne:

750 g de lomo de cerdo
6   dientes de ajo picados
        sal y pimienta al gusto
        romero

Salsa de frutas:

¼   de taza de duraznos secos picados
¼   de taza de arándanos secos picados
2   tazas de schnapps de durazno
1   taza de caldo de pollo desgrasado
1   taza de néctar de durazno
½   cebolla picada
½   cucharadita de romero seco
        sal y pimienta al gusto
1   cucharadita de mantequilla
1   cucharada de fécula de maíz mezclada con 2 cucharadas
        de agua

Precaliente el horno a 400°.

Frote los lomos con ajo, sal, pimienta y romero. Acomode sobre una reja en una asadera. Hornee por 50 minutos.

Para hacer la salsa: mezcle la fruta seca, schnapps de durazno, caldo, néctar de durazno, cebolla y ½ cucharadita de romero. Cocine hasta que el líquido se haya reducido a dos tazas. Sazone con sal y pimienta al gusto y agregue la mantequilla.

Cuando el lomo esté listo, retire a un plato caliente. Agregue la salsa a la asadera. Cocine por unos pocos minutos, raspando todos los pedacitos que hayan quedado pegados al fondo y luego espese con la mezcla de fécula de maíz. Rebane la carne y sirva con la salsa.

Cada porción contiene:

243 calorías   31 g   carbohidratos
18 g proteínas   190 mg sodio
5 g grasas   56 mg   colesterol
1 g fibra dietética

Lomo de cerdo con manzanas

*El sabor de la carne aromática con ajo, junto a
la levemente dulce salsa de manzana es muy atractivo.*

Rinde seis porciones

750 g de lomo de cerdo
           aceite vegetal en aerosol
1   cucharadita de mantequilla
1   escalonia picada
5   dientes de ajo picados
1 ½   tazas de manzanas peladas y cortadas en cuadritos
½   taza de caldo de pollo desgrasado
¼   de taza de sidra de manzana
3   cucharadas de brandy
1 ½   cucharaditas de azúcar morena
1 ½   cucharaditas de hierbas finas
           sal y pimienta recién molida al gusto
2   cucharaditas de fécula de maíz mezcladas con dos
           cucharadas de agua

Corte el cerdo en 12 rebanadas. Rocíe un sartén antiadherente con el aceite vegetal en aerosol. Agregue el cerdo y cocine a fuego muy alto hasta que se dore. No cocine de más. Retire la carne. Agregue una cucharadita de mantequilla, escalonia, ajo y manzanas. Sofría a fuego lento por alrededor de cinco minutos. Agregue el caldo, sidra, brandy azúcar y hierbas finas. Añada sal y pimienta al gusto. Cocine, raspando el fondo del sartén, por dos minutos más. Espese con la mezcla de fécula de maíz y agua. Agregue la carne y caliente bien. Sirva dos rebanadas por persona con la salsa de manzana sobre la carne.

Cada porción contiene:

211 calorías   8 g   carbohidratos
24 g proteínas   146 mg sodio
7 g   grasas   77 mg   colesterol
1 g   fibra dietética

Lomo de cerdo con ajo y romero

Un sencillo, rápido y delicioso platillo cuando hay visitas.

Rinde seis porciones

2   lomos de cerdo de 500 g
6   dientes de ajo picados
     sal
     pimienta negra recién molida
     romero fresco
3   cucharadas de harina
2   cucharaditas de mantequilla
1 ½ tazas de caldo de pollo desgrasado
2   cucharadas de whisky

Precaliente el horno a 400°.
Frote el cerdo con ajo por todos lados. Rocíe con sal, pimien-

ta y romero. Coloque sobre una parrilla en una asadera y hornee de 45 a 50 minutos.

Retire la parrilla y la carne de la asadera y reserve. Añada el harina y mantequilla a la asadera. Agregue el caldo de pollo y revuelva hasta que la harina quede incorporada. Cocine, revolviendo, hasta que la salsa comience a espesar. Añada el whisky y la sal y pimienta al gusto, cocine un minuto más. Corte el cerdo en rebanadas muy finas y sirva con la salsa. La mantequilla puede ser eliminada de la receta si se agrega el caldo, se raspa la asadera y luego se usa fécula de maíz en lugar de harina para espesar. El sabor no será tan suculento, pero aún así será muy bueno.

Cada porción contiene:

254 calorías	4 g carbohidratos
32 g proteínas	334 mg sodio
10 g grasas	103 mg colesterol
0 g fibra dietética	

Pierna de puerco con gravy de ajo

Una pierna de puerco constituye un asado excelente y le favorecen grandes cantidades de ajo. Una ventaja extra es el aroma fantástico mientras se cocina con todo ese ajo.

Rinde 12 porciones

Asado:

1 pierna de puerco de 1 ½ kg
8 dientes de ajo enteros
3 dientes de ajo picados
1 cucharada de tomillo fresco picado
1 cucharada de romero fresco picado
  sal y pimienta

Gravy con ajo:

- ½ taza de harina
- ½ taza de caldo de pollo desgrasado
- ½ taza de caldo de res desgrasado
- ½ taza de leche *light*
- 1 cucharadita de pimienta negra
- 1 cucharadita de sal
- 1 cucharadita de tomillo seco
- ¼ de taza de brandy

Precaliente el horno a 400°.

Haga cinco cortes en la pierna y coloque un diente de ajo en cada uno. Frote el ajo picado por toda la parte de afuera de la carne. Rocíe con el tomillo y romero frescos, sal y pimienta. Coloque en una reja sobre una asadera. Hornee a 400° por 15 minutos. Baje el horno a 350° y cocine por dos horas más. Retire la carne de la asadera y elimine la grasa de esta última.

Para hacer el gravy: una vez que haya retirado la asadera del horno, añada la harina y revuelva, raspando todos los trocitos pegados mientras lo hace. Haga lo anterior hasta que la harina ya no sea blanca. Caliente el caldo de pollo, caldo de res y leche en el microondas y luego mezcle con el harina mientras revuelve. Ponga la asadera al fuego y cocine, mezclando el harina y el líquido hasta que el gravy comience a espesar. Añada una cucharadita de pimienta, una cucharadita de sal, una cucharadita de tomillo y brandy. Continúe cocinando hasta que esté suave. Pruebe y ajuste la sazón de ser necesario.

Cada porción contiene:

320 calorías   6 g   carbohidratos
21 g proteínas   318 mg sodio
22 g grasas   83 mg   colesterol
0 g fibra dietética

Rollos de cerdo con salsa de chabacano

Rinde seis porciones

Rollos de cerdo:

1   paquete de 260 g mezcla de arroz café
4   dientes de ajo picados
2   cucharadas de tomates secos picados
¼   de taza de champiñones picados
1   cucharada de apio picado
2   claras de huevo
12   rebanadas de ½ pulgada de cerdo magro (alrededor de 750 g)
½   taza de harina
     aceite vegetal en aerosol

Salsa de chabacanos:

1   taza de néctar de chabacanos
1   cucharada de salsa de soya *light*
½   taza de marsala
1   taza de caldo de pollo desgrasado
2   dientes de ajo picados
1   cucharadita de pimienta
1   cucharadita de azúcar
1   cucharadita de perifollo seco
2   cucharaditas de fécula de maíz mezcladas con 1 cucharada de agua (opcional)

Mezcle el arroz, cuatro dientes de ajo picado, tomates, champiñones y apio y cocine como indique el paquete (eliminando la mantequilla o el aceite). Cuando el arroz esté listo y tibio añada las claras de huevo.

Acomode las rebanadas de cerdo. Rocíe un poco de la mezcla de arroz sobre cada una. Enrolle y ate con hilo de cocina. Pase cada rollo por harina. Sofría en un sartén antiadherente rociado con aceite vegetal en aerosol hasta que estén dorados. Cuando estén listos saque los rollos del sartén.

Para hacer la salsa: agregue el néctar de chabacano, salsa de soya, marsala, caldo, dos dientes de ajo picados, pimienta, azúcar y perifollos al sartén. Mezcle bien y vuelva a colocar los rollos en el sartén. Tape y cocine a fuego lento por 20 minutos. Quite la tapa y agregue la fécula de maíz si la salsa necesita espesar. Cocine por 10 minutos más.

Cada porción contiene:

387	calorías	43 g	carbohidratos
31 g	proteínas	870 mg	sodio
7 g	grasas	67 mg	colesterol
1 g	fibra dietética		

8

Pasta, arroz, papas y frijoles

Puede hacer miles de platillos usando estos nutritivos (y bajos en grasa) carbohidratos complejos. Y todos estos alimentos destacan con la adición de grandes cantidades de ajo.

La pasta, que es tan popular en la actualidad (podemos atestiguarlo por la gran cantidad de restaurantes de pasta que surgen por todas partes), es una comida excelente. Ha viajado un largo camino durante los últimos años y usted puede conseguir fideos de casi todos los colores y sabores imaginables en el supermercado. La pasta es fácil de preparar, rápida y sencilla de cocinar y deliciosa combinada con carnes, pescados, aves y vegetales, para hacer un plato principal caliente, satisfactorio y saludable.

El arroz también combina bien con muchos ingredientes. Es el alimento principal en muchos países y ahora ha elevado su popularidad en muchos otros. Trate de combinar sus ingredientes favoritos en un platillo principal usando el ajo como el ingrediente dominante.

¡Las papas son deliciosas! La papa debería convertirse en una parte importante de cualquier dieta baja en grasas. Muchas personas pueden hacer una comida con una papa. Las recetas de papas bajas en calorías incluidas aquí son sabrosas (o más sabrosas) que sus contrapartes pesadas y grasosas.

Yo mantengo mi cocina bien provista con una gran variedad de frijoles. Éstos son una maravillosa fuente de proteínas, tienen un alto contenido de fibras y son ricos en vitamina B y, lo mejor de todo, los frijoles son verdaderamente versátiles y su sabor se complementa bien con el ajo.

Lasaña con salsa cremosa de tomate

*En esta receta he hecho las cosas rápidas y sencillas usando masa de
rollos chinos en lugar de lasaña. Usted puede usar la lasaña
tradicional o amasar la pasta en casa si lo prefiere.*

Rinde 12 porciones

Lasaña:

1	cucharada de aceite de oliva
500 g	de camarones pelados, desvenados y picados gruesos
6	dientes de ajo picados
¼	de taza de cebolla de verdeo picada
250 g	champiñones, finamente rebanados
1	cucharadita de sal
½	cucharadita de pimienta
1	taza de ricotta desgrasada
375 g	carne de cangrejo cocida
1	clara de huevo
1	paquete de 375 g de masa para rollos chinos

Salsa:

250 ml	de jugo de almejas
2	tazas de salsa de tomate estilo italiano
1	taza de leche evaporada *light*
½	taza de vermouth
1	cucharadita de sal
½	cucharadita de pimienta blanca
½	cucharadita de mantequilla
¼	de taza de queso parmesano (reserve 1 cucharada para espolvorear)
2	cucharadas de fécula de maíz mezcladas con 3 cucharadas de vino
	perejil fresco, picado, para decorar

Precaliente el horno a 350°.

Para preparar el relleno: caliente el aceite de oliva y fría los camarones y ajo hasta que los camarones se empiecen a poner rosas. Agregue la cebolla de verdeo, champiñones, sal y pimienta y cocine un minuto más. Pase la mezcla a un recipiente. Añada la ricotta, carne de cangrejo y clara de huevo. Mezcle bien y reserve.

Para hacer la salsa: ponga el jugo de almejas, salsa de tomate, leche evaporada, vermouth, sal, pimienta y mantequilla en una olla. Cocine a fuego lento por dos minutos, hasta que se haya mezclado todo. Agregue el queso parmesano y cocine dos minutos más. Revuelva la mezcla de fécula de maíz y cocine hasta que se espese la salsa. Retire del fuego.

Para preparar la lasagna: esparza ¾ de taza de la salsa en el fondo de un refractario de 9 × 13 pulgadas. Moje la masa de rollos chinos en agua caliente y sacuda el exceso de agua. Acomode seis trozos de masa sobre la salsa para cubrir el fondo del refractario. Cubra con una capa de relleno y un poco más de salsa. Comenzando con la masa, haga otras capas, terminando con una capa de masa. Vierta la salsa restante sobre la última capa de masa y espolvoree con la cucharada de queso parmesano que guardó. Hornee por 30 a 40 minutos o hasta que burbujee y esté levemente dorado. Rocíe con perejil picado.

Cada porción contiene:

239	calorías	27 g	carbohidratos
21 g	proteínas	960 mg	sodio
4 g	grasas	82 mg	colesterol
0 g	fibra dietética		

Salsa para macarrones de Molly

Molly fue la abuela de mi marido. Se fue hace muchos años y nosotros la extrañamos mucho. Me encantaba ir a visitarla a ella y a Pa Dutch (el abuelo Ferrari). Ella era una maravillosa cocinera y hacía esta salsa favorita todo el tiempo. Sólo cambié la receta para eliminar el contenido de grasa.

Rinde seis porciones

250 g	de carne magra
1	cucharada de aceite de oliva
1	cebolla, finamente picada
6	dientes de ajo picados
½	taza de perejil picado (la receta de Molly decía un puñado)
1	taza de hongos secos, cubiertos con agua caliente y remojados
900 g	de salsa de tomate
1	cucharadita de azúcar
	sal y pimienta al gusto
375 g	de pasta seca cocida

Utilice una olla antiadherente. Sofría la carne en aceite de oliva hasta que se haya dorado por ambos lados. Agregue la cebolla, ajo y perejil a la carne y continúe cocinando hasta que las cebollas se ablanden. Después de haberlos remojado, agregue los hongos secos a la salsa. Reserve el agua y deje asentar para que baje el sedimento. Añada la salsa de tomate y azúcar a la salsa. Cuando el agua de los hongos se haya asentado, agréguela sin la sustancia del fondo. Agregue seis tazas más de agua a la salsa. Mezcle bien. Deje cocinar a fuego lento por al menos dos horas.

Cuando la salsa esté lista, ponga los hongos y la carne en un procesador y muela con la cuchilla de metal. Vuelva a colocar la carne y hongos picados a la salsa y continúe hirviendo a fuego lento, mientras cocina la pasta, y hasta que ésta esté lista. Sirva la salsa sobre la pasta.

Cada porción contiene:	
354 calorías	60 g carbohidratos
19 g proteínas	858 mg sodio
5 g grasas	22 mg colesterol
4 g fibra dietética	

Pasta con champiñones

Mis hijas Suzy y Carrie fueron conmigo a Italia recientemente.
Algunos amigos nos sirvieron este platillo de pasta la noche de
nuestra llegada. Fue tan delicioso que mis hijas me han pedido que
haga una receta similar desde entonces. Bueno, aquí está. No sólo
sabe como la pasta de nuestros amigos italianos, sino que he eliminado
casi toda la grasa. Ésta es, definitivamente, la fantasía de los amantes
de los champiñones.

Rinde seis porciones

1 .   cucharada de aceite de oliva virgen
5   dientes de ajo picados
2   poros, la parte blanca solamente, finamente rebanados
500 g de champiñones rebanados
½   cucharadita de sazonador vegetal
2   cucharadas de perejil picado
¼   de cucharadita de orégano seco
1   taza de leche evaporada light
1   taza de crema ácida light
½   taza de caldo de pollo desgrasado
½   taza de vino blanco
1   cucharada de fécula de maíz mezclado con 3 cucha-
        radas de vino
1   cucharadita de mantequilla
1/3   de taza de queso parmesano, recién rallado
        sal y pimienta recién molida al gusto
280 g de espagueti

Fría el ajo y poros en el aceite de oliva hasta que el poro se hayan suavizado. Agregue los champiñones y sazonador vegetal y cocine a fuego lento hasta que se evapore el líquido de los champiñones. Deje que los champiñones se doren un poco, no que se quemen. Agregue el perejil, orégano, leche evaporada, crema ácida, caldo y vino a la olla y cocine por dos minutos. Añada la mezcla de fécula de maíz mientras revuelve y cocine a fuego lento hasta que espese. Añada la mantequilla y queso parmesano. Sazone con sal y pimienta recién molida. Cocine un minuto más.

Cocine la pasta de acuerdo a las instrucciones del paquete. Escurra la pasta y mezcle con la salsa. Puede servirse de inmediato o bien hornear a 325°, cubierto, por 15 minutos.

Lasaña con champiñones

Para hacer la lasaña prepare la salsa como en la receta anterior. Luego, dado que se trata de una salsa delicada, me gusta usar masa para rollos chinos o lasaña amasada en casa (vea Básicos). Si va a utilizar pasta, y no masa para rollos chinos, cocine la pasta. La masa para rollos sólo necesita ser sumergida en agua caliente antes de acomodar. Ponga un poco de salsa en el fondo de un molde para horno de 9 × 13 pulgadas y coloque capas alternativas de pasta y salsa, terminado con la salsa. Tape y hornee a 375° por 20 minutos.

Cada porción contiene:

333 calorías	49 g carbohidratos
16 g proteínas	312 mg sodio
6 g grasas	11 mg colesterol
2 g fibra dietética	

Conchas de pasta con salsa blanca

Me gusta hacer muchas conchas rellenas a la vez y congelar varias porciones. Esto facilita futuras comidas. Las conchas se congelan muy bien. Si las congela, descongele antes de cocinar y siga las instrucciones de la receta; o descongele parcialmente e incremente el tiempo de cocción 20 minutos.

Rinde 10 porciones

Conchas rellenas:

20 conchas de pasta grandes
½ taza de apio picado
½ cebolla picada
5 dientes de ajo picados
1 cucharada de aceite de oliva virgen
2 tazas de queso cottage desgrasado
1 paquete de 315 g de espinaca congelada, cocida y escurrida
½ taza de tomates secos, remojados y picados
1 clara de huevo
½ cucharadita de sal
½ cucharadita de pimienta
½ cucharadita de orégano seco
½ cucharadita de albahaca seca
1 pizca de nuez moscada

Salsa blanca:

2 cucharadas de cebolla picada

3   dientes de ajo picados
     aceite de oliva en aerosol
2   tazas de leche *light*
1   taza de caldo de pollo desgrasado
1   cucharadita de mantequilla
1   cucharadita de fécula de maíz mezclada con 1/3 de taza
     de vino blanco
1/3 taza de queso parmesano recién rallado
     sal y pimienta recién molida al gusto

Precaliente el horno a 375°.

Cocine las conchas de pasta de acuerdo a las instrucciones del paquete. Escurra y deje reposar en agua fría.

Acitrone el apio, cebolla y ajo hasta que la cebolla esté tierna. Combine los vegetales acitronados con el queso cottage, espinaca, tomate seco, clara de huevo, sal, pimienta, orégano, albahaca y nuez moscada. Mezcle bien. Rellene las conchas con la mezcla de queso cottage y espinaca.

Para preparar la salsa: sofría la cebolla y ajo en aceite de oliva en aerosol hasta que la cebolla esté blanda. Agregue la leche, caldo, mantequilla y la mezcla de fécula de maíz. Cocine hasta que la salsa espese. Revuelva e incorpore el queso parmesano.

Vierta la mitad de la salsa en un refractario cuadrado de 12 pulgadas. Acomode las conchas rellenas en el refractario sobre la salsa. Cubra con la salsa restante. Hornee, tapado, por 25 minutos. Destape y hornee 10 minutos más.

Cada porción contiene:

199 calorías	29 g	carbohidratos
14 g proteínas	511 mg	sodio
3 g grasas	8 mg	colesterol
2 g fibra dietética		

Pasta con pollo y brócoli

Me gusta rallar el queso seco en cada porción de pasta en lugar de usar queso ya rallado. El sabor es más fuerte y mucho mejor, especialmente cuando usamos tan poco. Le encantará este platillo rápido y sencillo.

Rinde seis porciones

2   cucharadas de fécula de maíz mezcladas con dos cucharadas de agua

6   dientes de ajo picados

2   cucharadas de cebolla de verdeo rebanada

4   pechugas de pollo deshuesadas, sin piel y cortadas en dados

1   cucharada de mantequilla

2   tazas de brócoli (cortados en ramilletes pequeños)

½   taza de tomates secos molidos

1 ½ tazas de caldo de pollo desgrasado

½   taza de vino blanco

1 ½ cucharada de fécula de maíz mezcladas con tres cucharadas de agua

285 g de pasta espiral cocida

      queso aciago recién rallado sobre la pasta

Mezcle dos cucharadas de la mezcla de fécula de maíz, ajo y cebolla de verdeo con el pollo cortado. Sofría el pollo con una cucharadita de mantequilla a la vez, cocinando sólo ¼ del pollo a la vez. Hágalo sobre fuego alto para que el pollo se dore pero no se cocine demasiado. Retire el pollo y reserve. Al mismo sartén, agregue el brócoli, tomates, caldo y vino y cocine hasta que el brócoli esté tierno. Agregue el pollo y 1 ½ cucharadas de mezcla de fécula de maíz y cocine hasta que el caldo se haya espesado. Tape y cocine dos minutos más. Mezcle la pasta cocida y sirva con un poco de queso recién rallado.

Cada porción contiene:

414	calorías	
45 g	proteínas	
5 g	grasas	
3 g	fibra dietética	

42 g	carbohidratos
390 mg	sodio
96 mg	colesterol

Paella light

La paella es una comida bella y satisfactoria. He omitido el chorizo para aligerar el platillo.

Rinde ocho porciones

	aceite vegetal en aerosol
1	pimiento verde pequeño picado
1	pimiento rojo pequeño picado
1	cebolla picada
6	dientes de ajo finamente rebanados
1 ¼ a 1 ¾	de taza de caldo de pollo desgrasado
¼	de taza de vino blanco
1 ¼	de taza de agua
2	tomates grandes pelados y picados
1	cucharadita de sal
1	cucharadita de pimienta recién molida
¼	de cucharadita de azafrán
1 ¼	de taza de arroz crudo

2/3   de taza de chícharos
2/3   de taza de corazones de alcachofa
3   medias pechugas de pollo doradas y cortadas en 4 trozos
       cada una
250 g de camarones pelados y limpios
       patas de cangrejo o jaibas para decorar (opcional)

Precaliente el horno a 350°.

Rocíe una olla antiadherente con aceite vegetal en aerosol y fría los pimientos, cebolla y ajo a fuego lento por alrededor de cinco minutos, hasta que la cebolla comience a ablandarse. Añada 1 ¼ de taza de caldo (reserve ½ taza), vino, agua, tomates, sal y pimienta. Cuando rompa el hervor agregue los ingredientes restantes. Mezcle bien y deje hervir. Tape y hornee por 45 minutos o hasta que el arroz esté tierno. Revise el líquido mientras se hornea. Si se seca demasiado puede agregar de ¼ a ½ taza de caldo adicional. Cuando esté listo mueva y sirva sobre un plato caliente. Me gusta adornar este platillo con patas de cangrejo o jaiba.

Cada porción contiene:

257 calorías	32 g carbohidratos
18 g proteínas	536 mg sodio
5 g grasas	64 mg colesterol
2 g fibra dietética	

Tomates rellenos de arroz

Una guarnición con sabor único. La leche de coco le da un maravilloso sabor a la cocina thai y china, al igual que a este platillo. Puede encontrarla en los supermercados y tiendas de alimentos chinos.

Rinde 10 porciones

10 tomates medianos

1   cucharadita de mantequilla
2   cucharadas de cebolla de verdeo, finamente rebanadas
½   taza de zanahoria rallada
4   dientes de ajo picados
2/3   de taza de leche de coco desgrasada
2 ¾ de tazas de agua
2   tazas de arroz crudo de grano largo
½   cucharadita de comino
1   taza de chícharos pequeños
¼   de taza de almendras rebanadas

Pele y quite un tercio de la parte superior de los tomates. Quite el interior de los tomates con una cuchara y reserve.

Fría la cebolla de verdeo, zanahoria y ajo en la mantequilla en una olla antiadherente por tres minutos. Añada la leche de coco, agua, arroz, comino, chícharos y almendras. Mezcle bien. Tape y cocine a fuego lento por 25 minutos o hasta que se haya evaporado el líquido. Sumerja los tomates en agua hirviendo u hornee en el microondas por unos pocos minutos antes de rellenar con el arroz, así éstos no lo enfriarán. Revuelva el arroz y rellene los tomates.

Cada porción contiene:		
223 calorías	39 g	carbohidratos
5 g proteínas	21 mg	sodio
6 g grasas	1 mg	colesterol
2 g fibra dietética		

Arroz aromático

Rinde ocho porciones

½ taza de champiñones picados
¼ de taza de cebolla de verdeo picada

½　taza de pimiento amarillo picado
4　dientes de ajo picados
3 ½ tazas de caldo de pollo desgrasado
1　cucharadita de ajedrea
1　cucharadita desazonador vegetal
1　cucharada de perejil fresco picado
1　tomate pelado, sin semillas y picado
1 ½ tazas de arroz crudo
　　sal y pimienta al gusto

Coloque los champiñones, cebolla de verdeo, pimiento y ajo en una olla con ½ taza del caldo de pollo y cocine, revolviendo hasta que los vegetales comiencen a ablandarse. Añada los ingredientes restantes, deje hervir y cocine hasta que se haya absorbido todo el líquido. Esto toma entre 20 y 25 minutos. Revuelva el arroz y sirva.

Cada porción contiene:

149 calorías　　　　　　31 g　　carbohidratos
4 g proteínas　　　　　461 mg sodio
1 g grasas　　　　　　 0 mg　 colesterol
1 g fibra dietética

Puré de papas horneado

Si tiene tanta suerte como para que le sobre algo de puré, haga tortitas y fría en un sartén antiadherente rociado con aceite vegetal en aerosol, son un delicioso bocadillo para el desayuno.

Rinde ocho porciones

10	papas medianas, peladas y cortadas en cuartos
125 g	de queso crema desgrasado
2	claras de huevo
¼	de taza de cebolla de verdeo picada
4	dientes de ajo picados
2	cucharadas de perejil fresco picado
	sazonador vegetal
	pimienta recién molida
	aceite vegetal en aerosol
1	cucharadita de mantequilla (opcional)

Precaliente el horno a 350°.

Ponga las papas en una olla y cubra con agua. Deje hervir y cocine por alrededor de 15 minutos o hasta que estén tiernas. Escurra y muela. Añada el queso crema y mezcle bien. Agregue las claras, cebollas de verdeo, ajo y perejil. Sazone al gusto con sazonador vegetal y pimienta recién molida. Mezcle bien. Coloque en un refractario rociado con aceite vegetal en aerosol. Ponga un poquito de mantequilla sobre el puré si lo desea. Hornee 30 minutos.

Cada porción contiene:

150 calorías	31 g	carbohidratos
7 g proteínas	124 mg	sodio
0 g grasas	3 mg	colesterol
3 g fibra dietética		

Papas aromáticas horneadas

*Estas papas son tan deliciosas para el desayuno
como para la cena.*

Rinde ocho porciones

	aceite de oliva en aerosol
1 ½ kg	de papas criollas pequeñas, hervidas y cortadas en mitades
1	atadito de cebollitas de verdeo picadas
6	dientes grandes de ajo picados
1	pimiento verde, finamente picado
2	cucharadas de perejil picado
2	cucharadas de albahaca fresca picada
2	cucharadas de granos de pimienta negra partidos
1	cucharadita de orégano seco
	sazonador vegetal al gusto
½	taza de queso cheddar desgrasado, rallado
1	taza de queso cottage desgrasado y ½ taza de crema ácida *light* mezcladas

Precaliente el horno a 375°.

Rocíe una olla antiadherente con aceite de oliva en aerosol.
Agregue las papas, cebollas de verdeo y ajo. Sofría hasta que las
papas comiencen a dorarse. Agregue los siguientes seis ingredientes y cocine por dos minutos más. Mezcle el queso rallado
con la crema con queso cottage y añada a las papas. Coloque
todo en un refractario que haya sido rociado con aceite de oliva en
aerosol. Hornee de 30 a 40 minutos o hasta que las papas estén
doradas.

Cada porción contiene:

174	calorías	32 g	carbohidratos
10 g	proteínas	198 mg	sodio
1 g	grasas	3 mg	colesterol
3 g	fibra dietética		

Papas crocantes horneadas

Rinde seis porciones

4 papas grandes
  sal
1 cucharadita de mantequilla
2 escalonias picadas
4 dientes de ajo picados
½ taza de leche *light*
2 cucharaditas de fécula de maíz mezcladas con 2 cucharadas
  del caldo
  aceite vegetal en aerosol sabor mantequilla
  sazonador vegetal al gusto
  pimienta recién molida al gusto
½ taza de pan molido
2 cucharadas de queso parmesano rallado

Precaliente el horno a 375°.

Pele las papas y hierva en agua salada por 30 minutos o hasta que estén tiernas. Enfríe y rebane finamente. Reserve.

Acitrone las escalonias y ajo en la mantequilla por dos a tres minutos. Agregue la leche y el caldo y mezcle. Cocine hasta que la mezcla esté caliente. Añada la mezcla de fécula de maíz mientras revuelve y cocine hasta que la salsa comience a espesar un poquito.

Rocíe un molde para hornear con aceite vegetal sabor mantequilla. Extienda una capa de papas en el molde y espolvoree con el sazonador vegetal y pimienta. Vierta un poco de salsa sobre las papas y continúe haciendo capas, termine con salsa. Mezcle el pan molido con el queso parmesano y espolvoree cubriendo la superficie. Rocíe con un poco de aceite vegetal en aerosol sabor mantequilla. Hornee por 30 minutos o hasta que esté dorado.

Cada porción contiene:

161	calorías	30 g	carbohidratos
6 g	proteínas	298 mg	sodio
2 g	grasas	3 mg	colesterol
2 g	fibra dietética		

Puré de papas con ajo

Rinde seis a ocho porciones

1 ½ kg de papas
1/3 de taza de leche *light*
¼ de taza de leche evaporada *light*
2 cucharadas de queso crema desgrasado
1 cábeza de ajo asada (vea Básicos)
sal y pimienta al gusto
aceite vegetal en aerosol
2 cucharaditas de mantequilla derretida (opcional)

Pele y hierva las papas hasta que estén tiernas. Escurra y muela. Añada la leche *light*, la leche evaporada, queso crema y ajo exprimido. Sazone con sal y pimienta. Coloque en un refractario rociado con aceite vegetal en aerosol y rocíe con mantequilla si lo desea. Puede dejar que se caliente en un horno a 250° por 20 minutos o servir de inmediato.

Cada porción contiene:

174 calorías · · · · · · · · · · · · · 37 g carbohidratos
6 g proteínas · · · · · · · · · · · · 81 mg sodio
1 g grasas · · · · · · · · · · · · · · · 2 mg colesterol
3 g fibra dietética

Camotes aromáticos

El ajo asado da un agradable sabor a nuez a esta receta.

Rinde ocho porciones

3   camotes grandes
1   cucharadita de mantequilla
1   cabeza de ajo asado (vea Básicos)
1   cucharadita de tomillo seco
1   limón, lavado y finamente rebanado
        jugo de dos limones
1/3   de taza de azúcar morena
½   cucharadita de nuez moscada
3   cucharadas de jarabe de maple
¼   de taza de jerez seco

Hierva los camotes a fuego lento hasta que estén tiernos. Deje enfriar levemente y pele. Córtelos en rebanadas de alrededor de ¼ de pulgada de grosor. Ponga la mantequilla, ajo, tomillo, rebanadas de limón, jugo de limón, azúcar, nuez moscada y jarabe de maple en una olla antiadherente. Añada el jerez seco mientras revuelve y caliente hasta que se disuelva el azúcar. Agregue los camotes. Cocine con cuidado, moviendo suavemente los camotes para mezclar bien hasta que la salsa se espese y cubra los camotes.

Cada porción contiene:

170	calorías	39 g	carbohidratos
2 g	proteínas	41 mg	sodio
1 g	grasas	1 mg	colesterol
2 g	fibra dietética		

Camotes al horno

*Una gran guarnición que puede hacer con anticipación
y refrigerar hasta que sea el momento de hornear.*

Rinde ocho porciones

4 tazas de camotes cocidos y molidos
½ taza de queso crema desgrasado
6 dientes de ajo en tiritas y asado (vea Básicos)
3 cucharadas de miel de maple
½ taza de leche evaporada *light*
2 claras de huevo
   aceite vegetal en aerosol
1/3 de taza de avena desmenuzada
1/3 de taza de azúcar morena
¼ de taza de harina para pastelería
1 cucharada de cáscara de limón rallada
   jugo de un limón
1 cucharada de mantequilla sin sal derretida

Precaliente el horno a 325°.

Mezcle los camotes, queso crema, ajo, miel de maple y leche evaporada. Añada las claras de huevo, vierta en un refractario rociado con aceite vegetal en aerosol.

Mezcle la avena, azúcar, harina, cáscara de limón rallada, jugo de limón y mantequilla derretida y rocíe sobre los camotes. Hornee, sin tapar, por 50 minutos.

Cada porción contiene:

302 calorías   62 g carbohidratos
9 g proteínas   156 mg sodio
3 g grasas   9 mg colesterol
5 g fibra dietética

Judías horneadas

Pienso que el saborizante ahumado le da el mismo sabor que el jamón a esta versión sin grasa de un platillo favorito.

Rinde seis porciones

	aceite vegetal en aerosol
2	tazas de judías secas, cocidas (vea Básicos), se reserva el líquido
1	cebolla picada
6	dientes de ajo picados
1	taza de jugo de tomate
¼	de taza de melaza oscura
1 ½	de cucharaditas de saborizante ahumado, o al gusto
1	cucharadita de sal
2	cucharaditas de mostaza de Dijon
1	cucharadita de salsa Worcestershire
1	cucharada de azúcar morena

Precaliente el horno a 300°. Rocíe el interior de una cacerola con aceite vegetal en aerosol. Vierta las judías cocidas y su líquido en la cacerola. Mezcle los ingredientes restantes con las judías. Cubra y hornee de cuatro a cinco horas.

Cada porción contiene:

299 calorías   58 g   carbohidratos
16 g proteínas   592 mg sodio
1 g grasas   0 mg   colesterol
7 g fibra dietética

9

Pan, pizzas, muffins y bizcochos

Hornear pan fresco es una de las cosas que más me gusta hacer. Disfruto de todo el sensual proceso de mezclar, amasar, golpear y, finalmente, oler el hogareño aroma mientras se hornea.

Siempre digo a mis estudiantes que no teman hacer pan. A lo mejor no tiene éxito las primeras veces pero, por favor, no se dé por vencida. A todos nos toma unas pocas veces de práctica para lograr la textura correcta de la masa. Muy pronto, usted podrá decir lo suave que debe estar y reconocer el tacto esponjoso y pegajoso de la masa después de leudar. Así podrá ser recompensado con un sentimiento gratificante por el logro de esos panes bellos y crocantes hechos en casa.

La pizza tiene un lugar especial en nuestros corazones y nunca habrá sido tan buena para usted como en estas recetas. El ajo asado es tan delicioso esparcido sobre la masa que ya no necesitará de todo ese queso para disfrutarla.

Los sabrosos bollos recién horneados son deliciosos cuando se sazonan con ajo y especias, y no se requiere de mucho tiempo para elaborar. Los bollos hechos en casa requieren un poco más de tiempo, pero son más sabrosos.

Pan aromático oscuro de ciruela seca

Si no tiene un procesador de alimentos, la masa puede hacerse en una batidora con batidores para masa, o con el viejo recipiente y cuchara de madera. Éste es un pan riquísimo y lleno de sabor que es delicioso con cualquier alimento. Puede hacer piezas grandes o panecitos, y es delicioso tostado.

Rinde 12 porciones

1	taza de ciruelas secas sin semilla
1	paquete más una cucharada de levadura seca
1	taza de agua tibia (de alrededor de 40°)
1 ½	cucharaditas de sal
3	dientes de ajo picados
1	cucharadita de romero seco
4 a 4 ½	tazas de harina
	aceite vegetal en aerosol
1	cucharadita de mantequilla derretida

Precaliente el horno a 375°.

Coloque las ciruelas en una olla y cubra con agua. Cocine hasta que estén suaves y puedan molerse. Muela las ciruelas y deje enfriar.

Ponga la levadura en un procesador de alimentos y añada ¼ de taza del agua tibia. Pulse unas pocas veces y deje reposar hasta que la levadura comience a burbujear, alrededor de tres minutos. Añada las ciruelas molidas, sal, ajo, romero, dos tazas de harina y el resto del agua tibia. Mezcle bien. Agregue 1 ½ tazas más de harina y mezcle otra vez. Añada tanta harina de la taza restante como sea necesaria para que la masa quede suave y lisa.

Rocíe un recipiente con aceite vegetal en aerosol y coloque la masa en él. Cubra con una tela y deje que la masa leude en un lugar caliente hasta que haya doblado su tamaño. Baje la masa y forme bollos o dos panes pequeños. Deje leudar nuevamente hasta que doble su tamaño. Coloque la masa en dos moldes para pan o moldecitos para bollos rociados con aceite vegetal en aerosol. Antes de hornear pinte los panes con mantequilla derretida. Hornee alrededor de 35 a 40 minutos los dos panes, o hasta que se hayan dorado por ambos lados.

Cada porción contiene:

201 calorías	43 g	carbohidratos
5 g proteínas	280 mg	sodio
1 g grasas	1 mg	colesterol
2 g fibra dietética		

Pan de hierbas y queso cottage

Este pan es maravilloso para panecillos, panes o bollos. Dele la forma que quiera. Caliente un poco el queso cottage en el microondas (un minuto en bajo) antes de usarlo, para que no haga más lento el proceso de la levadura.

Rinde 12 porciones

1	paquete más 1 cucharadita de levadura seca
1 ¼	de taza de agua tibia (aproximadamente a 40°)
1	cucharada de azúcar
2	cucharaditas de sal
1	cucharadita de semillas de apio
1	cucharadita de semillas de eneldo
1	cucharada de ajo picado
1	taza de queso cottage desgrasado
4 a 4 ½	tazas de harina
	aceite vegetal en aerosol

Precaliente el horno a 400°.
Coloque la levadura, ¼ de agua tibia y azúcar en un procesador

de alimentos o recipiente para mezclar. Mezcle y deje reposar hasta que la levadura comience a burbujear, alrededor de tres minutos. Añada sal, semillas de apio, semillas de eneldo, ajo, queso cottage y tres tazas de harina. Agregue la taza restante de agua tibia y mezcle. Añada tanta harina de la taza restante como sea necesario para formar una masa suave y lisa.

Coloque la masa en un recipiente previamente rociado con aceite vegetal en aerosol y cubra con una tela. Deje que la masa leude hasta que haya doblado su tamaño, aproximadamente 50 minutos. Baje y dé forma. Cubra la masa y deje leudar nuevamente hasta que haya doblado su tamaño. Coloque en dos moldes para pan previamente rociados con aceite vegetal en aerosol.

Hornee de 20 a 35 minutos (dependiendo de la forma que le haya dado a la masa), o hasta que el pan esté dorado.

Cada porción contiene:

187 calorías   37 g carbohidratos
7 g proteínas   435 mg sodio
1 g grasas   2 mg colesterol
1 g fibra dietética

Pan de trigo a la pimienta

Me gusta combinar el trigo integral y la harina blanca sin refinar cuando hago pan integral de trigo, para que el pan tenga una textura más ligera. Los granos de pimienta negra quebrada le dan un sabor más fuerte que la pimienta molida. Yo uso un ladrillo para pizza dentro del horno sobre el cual horneo este pan. Se convierte en un pan delicioso y crocante.

Rinde 12 porciones

1   paquete más 1 cucharadita de levadura seca
¼ más 1 1/3 de tazas de agua tibia (alrededor de 40°)

3 tazas de harina sin blanquear
1 taza de harina de trigo integral
4 dientes de ajo picados
2 cucharaditas de sal
2 cucharaditas de granos de pimienta negra quebrados
¼ de taza de queso cottage desgrasado
   aceite vegetal en aerosol
1 clara de huevo mezclada con 1 cucharada de agua

Precaliente el horno a 400°. Mezcle la levadura y ¼ de taza de agua tibia con la hoja de acero de un procesador de alimentos. Deje reposar hasta que la levadura burbujee, alrededor de tres minutos. Añada 2 ½ tazas de harina sin blanquear, 1 taza de harina de trigo integral, ajo, sal, pimienta y queso cottage. Pulse unas pocas veces. Agregue 1 1/3 de taza de agua tibia a través del tubo mientras el procesador está encendido. Procese hasta que quede suave. Añada un poco más de harina (una cucharada a la vez) de ser necesario, para formar una masa suave.

Coloque la masa en un recipiente previamente rociado con el aceite vegetal en aerosol, cubra y deje leudar por una hora en un lugar cálido. Baje la masa y deje leudar una hora más. Tome la masa y forme un tronco. Ponga el pan sobre un molde para galletas que haya sido engrasado con aceite vegetal en aerosol, cubra y deje leudar otros 40 minutos o hasta que la masa doble su tamaño. Hornee por 10 minutos. Abra el horno y rocíe el pan con agua, continúe rociando con agua cada 10 minutos hasta que el pan esté listo. El pan está cocido cuando está dorado y requiere de 20 a 30 minutos de horneado, dependiendo de la forma que le haya dado.

Cada porción contiene:

159 calorías	32 g carbohidratos
6 g proteínas	390 mg sodio
1 g grasas	0 mg colesterol
2 g fibra dietética	

Palitos de ajo

*¡Estos maravillosos palitos son adictivos! Me gusta hacer
muchos cestos para fiestas grandes.*

Rinde 40 palitos
(un palito de ajo por porción)

2	paquetes de levadura seca
1	cucharada de azúcar
1 1/3	de tazas de agua tibia (aproximadamente a 40°)
1	cucharadita de sal
2	cucharaditas de pimienta
8	dientes de ajo, picados
2	cucharadas de aceite de oliva virgen
3 ½	tazas de harina
	aceite vegetal en aerosol
1	clara batida con 1 cucharada de agua
	sal gruesa, semillas de ajonjolí, sal de ajo o queso parmesano para cubrir

Precaliente el horno a 375°.

Coloque la levadura, azúcar y 1/3 de taza de agua tibia en un procesador de alimentos o batidora. Pulse unas pocas veces y deje reposar un par de minutos hasta que la levadura comience a burbujear. Agregue sal, pimienta, ajo, aceite y una taza de harina. Mezcle. Agregue la taza de agua tibia restante y dos tazas más de harina y mezcle bien. Añada el harina restante, una cucharada a la vez hasta que la masa esté suave y se despegue de los costados del recipiente. Retire del procesador y amase con los nudillos unos pocos minutos.

Corte la masa en 40 trozos iguales. (Esto hará palitos de pan muy finitos. Si los desea más gruesos, corte la masa en 16 o 20 trozos iguales.) Forme con cada trozo de masa un palito de 12 a

14 pulgadas. Cóloquelos en moldes para galletas rociados con aceite vegetal en aerosol, dejando ¼ de pulgada de separación entre ellos. (Ahora puede congelarlos en los moldes. Una vez que estén congelados, retire, envuelva en papel aluminio y congele. Retire cuando esté lista para usarlos y deje leudar en los moldes por 45 minutos antes de hornear.) Si va a hornear los palitos de inmediato, deje que leuden alrededor de 15 minutos. Pinte con la mezcla de clara de huevo y rocíe con lo que desee. Hornee hasta que doren (de 10 a 12 minutos los palitos finos, 12 a 15 minutos los gruesos).

Cada porción contiene:

50 calorías	9 g carbohidratos
1 g proteínas	57 mg sodio
1 g grasas	0 mg colesterol
0 g fibra dietética	

Focaccia

Me encanta este versátil pan chato, que es maravilloso con hierbas frescas. La focaccia normalmente se hace sola y luego se rocían sobre ella las hierbas, salsa de tomate u otros ingredientes. En esta receta se mezclan dentro del pan algunas de las hierbas. Se le agrega queso cottage para remplazar parte del aceite que por lo general añade humedad al pan. El aceite que se use debe ser aceite de oliva virgen, debido a su fuerte sabor. Mi manera favorita de comer este pan es muy caliente, justo cuando sale del horno. También es delicioso para emparedados.

Rinde 12 porciones

2	paquetes de levadura seca
1 ¾	de taza de agua tibia (40°)
2	cucharaditas de azúcar
½	taza de queso cottage desgrasado
1	cucharadita de sal
6	dientes de ajo picados
2	cucharadas de romero o eneldo fresco picado
5 a 6	tazas de harina
	aceite de oliva en aerosol
1	diente de ajo picado, para espolvorear
	hierbas frescas o sal kosher para adornar

Precaliente el horno a 375°.

En un recipiente grande o procesador, disuelva la levadura en ¼ de taza de agua tibia. Deje reposar la levadura cinco minutos o hasta que comience a burbujear. Agregue el azúcar, queso cottage, dos cucharadas del aceite de oliva, sal, seis dientes de ajo picado, dos cucharadas de hierbas y el agua restante. Mezcle. Añada tres tazas de harina y mezcle por tres minutos. Añada dos tazas más de harina y mezcle otra vez. Añada el resto de la harina y amase con los nudillos unas pocas veces. Cubra la masa y deje leudar en un recipiente previamente rociado con aceite de oliva hasta que doble su tamaño. Baje la masa, cubra, deje leudar nuevamente.

Rocíe dos moldes para hornear de 9 × 13 pulgadas con aceite de oliva en aerosol. Divida la masa a la mitad y coloque sobre los moldes. Estire la masa para que cubra los moldes, presionando la masa con los dedos para que llegue a los bordes. Utilizando los dedos, haga muescas en la parte superior de la masa. Cubra y deje leudar de 30 a 40 minutos.

Pinte la masa con las dos cucharadas de aceite de oliva mezclado con ajo picado y rocíe con hierbas si lo desea. Si no le preocupa la sal, puede espolvorear el pan con un poco de sal kosher. Hornee de 20 a 30 minutos.

Cada porción contiene:

254 calorías	46 g	carbohidratos
8 g proteínas	219 mg	sodio
4 g grasas	1 mg	colesterol
2 g fibra dietética		

Masa para pizza

*Esta masa será una crocante y liviana base. Úsela en las
siguientes recetas para pizza, o invente las suyas.*

Rinde de 12 a 14 pizzas chicas
(Una base de pizza por porción)

1	paquete de levadura seca
¼	de taza de agua tibia (40°)
½	cucharadita de sal
1	cucharada de polvo para hornear
1	cucharada de miel
2	cucharadas de yogur *light*
2 ½	a 3 tazas de harina
2/3	de taza de agua tibia (40°)
	aceite vegetal en aerosol

Ponga la levadura y ¼ de taza de agua tibia en un procesador
con la hoja de metal. Pulse unas pocas veces y deje reposar
hasta que la levadura comience a burbujear, alrededor de cinco
minutos. Agregue los ingredientes restantes, usando sólo dos
tazas de harina para empezar, agregando el resto como sea necesario para formar una masa suave y brillante. Ponga la masa en un
recipiente previamente rociado con aceite vegetal en aerosol.
Cubra y deje leudar 50 minutos. Baje la masa y deje descansar 10
minutos. Forme pequeñas bases para pizza y cubra con las
diferentes cubiertas.

Cada porción contiene:

105 calorías	22 g	carbohidratos
3 g proteínas	199 mg sodio	
0 g grasas	0 mg	colesterol
1 g fibra dietética		

Pizza de vegetales

Puede sustituir con cualquiera de sus vegetales favoritos para hacer esta pizza. El queso opcional, ½ cucharadita esparcida sobre cada mini pizza, añade mucho sabor y poca grasa.

Rinde de 12 a 14 pequeñas pizzas
(Una pizza por porción)

Masa para pizza (vea Masa para pizza, página anterior)
2 cabezas de ajo asado (vea Básicos)
1 taza de champiñones, finamente rebanados
1 taza de calabacitas, finamente rebanadas
½ taza de pimiento verde picado
½ taza de tomate, finamente cortado
2 cucharadas de queso parmesano, feta o azul (opcional)

Precaliente el horno a 425°.

Forme bases redondas de cinco pulgadas cada una. Extienda uno a dos ajos asados sobre cada disco de masa. Coloque champiñones, calabacitas, pimientos y tomates sobre la pizza. Si no tiene un ladrillo para horno, acomode las pizzas sobre moldes para galletas forrados con papel para hornear o rociados con aceite vegetal en aerosol. Hornee hasta que la masa esté levemente dorada; entre 15 y 20 minutos. Los tomates deben ser puestos después de que la pizza se haya cocinado si los prefiere crudos.

Cada porción contiene:

128 calorías	27 g	carbohidratos
4 g proteínas	226 mg sodio	
1 g grasas	0 mg	colesterol
1 g fibra dietética		

Pizza con lechuga, ajo y tomate

Comí una maravillosa pizza similar a ésta en Italia: liviana, fresca y deliciosa. Uno se puede volver muy creativo con las pizzas y aún así mantener bajo el contenido de grasa.

Rinde de 12 a 14 pizzas pequeñas
(Una pizza por porción)

Masa para pizza
2 cabezas de ajo asadas (vea Básicos)
3 tazas de lechuga romana, finamente cortada
3 tomates sin semillas y cortados en cuadritos
¼ de taza de queso parmesano recién rallado

Precaliente el horno a 450°.
Forme discos de masa de cinco pulgadas de diámetro. Perfore la masa con un tenedor. Si no tiene un ladrillo para horno, acomode las pizzas sobre moldes para galletas forrados con papel para hornear o rociados con aceite vegetal en aerosol. Hornee hasta que los bordes estén levemente dorados, 15 o 20 minutos. Exprima un par de dientes de ajo por pizza y úntelos en la masa. Cubra cada base con lechuga, un poco de tomate y unas pocas raspaduras de queso parmesano.

Cada porción contiene:

140 calorías	28 g	carbohidratos
5 g proteínas	263 mg	sodio
1 g grasas	2 mg	colesterol
1 g fibra dietética		

Pan de maíz aromático

Un delicioso y húmedo pan de maíz con un sabor rico. Me gusta hornear mi pan de maíz en un pesado molde de hierro.

Rinde 12 porciones

1	taza de harina blanca
½	taza de harina de maíz
½	taza de harina para pastelería
1	cucharada de azúcar
1	cucharadita de sal
1	cucharada de polvo de hornear
¼	de cucharadita de bicarbonato de sodio
½	cucharadita de saborizante ahumado
5	dientes de ajo picado
1	taza de granos de elote, escurridos si son enlatados
1/3	de taza de chiles verdes en cuadritos
1	taza de leche evaporada *light*
1/3	de taza de yogur *light*
¼	de taza de sustituto de huevo
2	claras de huevo
	aceite vegetal en aerosol

Precaliente el horno a 400°.

Tamice los primeros 7 ingredientes en un recipiente. Agregue los ingredientes restantes, excepto por las claras, y mezcle bien. Bata las claras a punto turrón y añada a la masa. Vierta en un molde para horno que haya sido previamente rociado con el aceite vegetal en aerosol. Hornee de 18 a 20 minutos.

Cada porción contiene:

121 calorías	23 g	carbohidratos
5 g proteínas	376 mg	sodio
1 g grasas	4 mg	colesterol
1 g fibra dietética		

Muffins de ajo y eneldo

Estos ligeros y sabrosos muffins son deliciosos con pollo,
pavo o ensaladas servidas çomo platillo principal.

Rinde 12 porciones

1	taza de harina para pastelería
1	taza de harina
1	cucharada de polvo para hornear
1	cucharadita de sal
1	cucharadita de pimienta
1	cucharada de eneldo fresco picado
4	dientes de ajo picados
½	taza de crema ácida *light*
3	claras de huevo
1 ½	tazas de leche *light*
2	cucharadas de queso parmesano rallado

Precaliente el horno a 400°.

Mezcle la harina para pastel, harina, polvo para hornear, sal y pimienta. Añada el eneldo y el ajo. Bata la crema ácida, claras y leche *light* y añada a la mezcla de harina revolviendo hasta que los ingredientes secos estén húmedos. Añada el queso parmesano. Llene dos moldes para panquecitos forrados con papel hasta ¾ de su capacidad. Hornee entre 12 y 15 minutos.

Cada porción contiene:

99	calorías	18 g	carbohidratos
5 g	proteínas	358 mg	sodio
0 g	grasas	1 mg	colesterol
0 g	fibra dietética		

Bizcochos de ajo y crema ácida

*Estos bizcochos son un aperitivo delicioso cuando se acompañan
de pavo ahumado, salsa de arándano y lechuga.*

Rinde 10 porciones

2 tazas de harina
1 cucharada de polvo de hornear
1 cucharadita de sal
4 dientes de ajo picados
1 cucharada de salvia, romero o albahaca seca (opcional)
1 taza más 1 cucharada de leche *light*
½ taza de crema ácida *light*
1 cucharada de queso parmesano rallado

Precaliente el horno a 400°.
Mezcle la harina, polvo de hornear, sal, ajo y hierbas opcionales.
Añada una taza de leche y ½ taza de crema ácida revolviendo
hasta que los ingredientes secos estén apenas mojados. No mezcle
demasiado. La masa estará pegajosa. Vuelque la masa en una
superficie enharinada y espolvoree un poco de harina sobre ella,
para que pueda manejarla. Presione la masa hacia abajo con sus
manos hasta que tenga un grosor de 1 pulgada. Corte 10 discos
con un cortador de galletas y acomode en un molde para galletas forrado con papel para hornear. Pinte cada bizcocho con
algo de leche y espolvoree queso parmesano sobre cada uno de
ellos. Hornee de 12 a 15 minutos o hasta que se doren.

Cada porción contiene:

113 calorías		22 g	carbohidratos
5 g	proteínas	398 mg	sodio
0 g	grasas	1 mg	colesterol
1 g	fibra dietética		

---

10. Básicos

Este capítulo tiene instrucciones sobre las técnicas básicas utilizadas en el libro. Los procesos son necesarios tan a menudo que, en lugar de repetirse una y otra vez, todo está en un solo lugar para que lo encuentre.

Caldo de res hecho en casa*

750 g de costillas de res
500 g de pecho de res
750 g de carne de pierna
2   alas de pollo
1   cebolla, cortada en mitades, con la cáscara
3   ramas blancas del interior del apio, con hojas
8   dientes de ajo
1   zanahoria cortada a la mitad
     un manojo de perejil fresco
4   granos de pimienta negra
     un poquito de sal

Precaliente el horno a 350°.

Ponga todos los ingredientes en una asadera. Hornee por dos horas. Llene la asadera con agua hasta la mitad. Ponga a hervir. Transfiera todos los ingredientes a una olla grande y cubra con agua. Cuando hierva baje el fuego y deje hervir a fuego lento por dos horas. Retire la carne y cuele el caldo. Refrigere toda la noche y retire toda la grasa. El caldo puede utilizarse de inmediato o puesto en envases y congelarse.

* **Nota: Cómo desgrasar el caldo.** Refrigere el caldo toda la noche y elimine luego la grasa que se acumule en la superficie.

Caldo de pollo hecho en casa

1 pollo de 1 ½ kg a 2 kg
4 alas de pollo
2 zanahorias cortadas en mitades
3 ramas de apio con hojas
1 cebolla cortada al medio, con cáscara
6 dientes de ajo
6 granos de pimienta enteros
  un manojo de perejil fresco
  unas pocas hojas de mejorana
1 hoja de laurel
  un poquito de sal

Precaliente el horno a 350°.

Coloque todos los ingredientes en una asadera y hornee por 1 ½ horas. Transfiera todos los ingredientes a una olla grande y cubra con agua. Hierva a fuego lento por dos horas. Cuele el caldo y refrigere toda la noche para eliminar la grasa. Deshebre y guarde la carne de pollo para otras recetas.

Cómo asar el ajo: precaliente el horno a 350°.

Corte la parte superior de la cabeza del ajo, tanto como para que el ajo quede a la vista. Coloque dentro de un pequeño recipiente para horno, sólo lo suficientemente grande como para sostener el ajo. Rocíe la parte superior del ajo con aceite de oliva en aerosol y espolvoree con sal y pimienta. Añada tres cucharadas de caldo de res o pollo al recipiente. Cubra con papel aluminio y hornee por 1 ½ horas o hasta que el ajo esté suave. Retire y exprima los dientes.

Blanquear los ajos

Separe los dientes dejando la cáscara. Sumerja en agua hirviendo y deje cocinar por cinco minutos. Retire del agua y pele. Ahora use el ajo como lo desee. El blanqueo hace que el ajo sea de sabor un poco más suave y es bueno para ciertas recetas que requieren de una gran cantidad de ajos crudos.

Asar el ajo rebanado o cortado en tiritas

En muchas de estas recetas he rebanado el ajo muy finito o lo he cortado en finas tiritas para adornar. Me gusta asarlo para darle un sabor más suave. Debe tener mucho cuidado cuando lo ase y vigilarlo atentamente. Si se dora demasiado tendrá un sabor muy amargo. Así que vigílelo hasta que adquiera un color dorado claro.

Precaliente el horno a 300°.

Coloque el ajo rebanado sobre un pequeño molde rociado con aceite vegetal. Rocíe el ajo con el aceite vegetal en aerosol. Hornee revolviendo a menudo hasta que esté dorado (de tres a cuatro minutos).

Asar los pimientos

Sostenga los pimientos por el tallo sobre el fuego de la hornilla o ponga sobre la plancha y queme por todos lados. De inmediato colóquelos dentro de una bolsa para que suden. Deje sudar de cinco a 10 minutos y pele.

Cocer frijoles para usar en las recetas

Limpie los frijoles y póngalos en un recipiente. Cubra con agua y deje reposar toda la noche. (Si no tiene tiempo para hacer esto, cubra los frijoles con agua hirviendo y deje reposar dos horas.) Cuele y cubra con agua fresca, sal y agregue una cebolla cortada al medio para dar sabor. (La cebolla se puede quitar cuando los frijoles estén cocidos.) Hierva a fuego lento hasta que estén tiernos, de dos a tres horas, dependiendo de la clase de frijol. Escurra y use en las recetas. (No escurra si va a hacer frijoles horneados.)

Pasta hecha en casa:

4 huevos grandes
2 cucharadas de agua
2 cucharadas de aceite de oliva (opcional)
3 tazas de harina
1 cucharadita de sal

Coloque todos los ingredientes en un procesador de alimentos. Procese hasta que la mezcla comience a unirse. Retire y amase hasta que esté suave. Estire y forme. Puede secar la pasta y guardarla en bolsas de plástico con cierre, o utilizarla inmediatamente.

Si no tiene procesador, puede preparar la pasta en su batidora o dentro de un recipiente, usando una cuchara de madera para mezclar la masa. Todos los métodos son igualmente buenos. Usar el procesador es más limpio y rápido. Recuerde que la pasta hecha en casa se cocina mucho más rápido que la comprada.

Pasta de ajo casera

Use la receta anterior, pero añada de 8 a 12 dientes de ajo pica-dos cuando agregue el aceite de oliva.

Aerosoles de aceite hechos en casa

Hay muchas variedades de aceite vegetal en aerosol en el supermercado. Todas ayudan a reducir el consumo de grasa y evitar que las cosas se peguen cuando hornea. Los aerosoles reducen la grasa porque puede lograr una cubierta fina y pareja sobre la superficie y obtener así los mismos resultados usando mucho menos aceite. Los aerosoles comerciales son de aceite vegetal, aceite vegetal sabor mantequilla y aceite de oliva. Dado que me encanta utilizar aceites como el de ajonjolí, nuez y aguacate, pongo mi aceite en rociadores de plástico y funciona igual de bien.

SU OPINIÓN CUENTA

Nombre ....

Dirección:

Calle y núm. exterior ....interior.......................................

Colonia .... Delegación ....

C.P. .... Ciudad/Municipio ....

Estado.. País ....

Ocupación .... Edad ....

Lugar de compra ....

Temas de interés:

❒ Empresa
❒ Superación profesional
❒ Motivación
❒ Superación personal
❒ New Age
❒ Esoterismo
❒ Salud
❒ Belleza

❒ Psicología
❒ Psicología infantil
❒ Pareja
❒ Cocina
❒ Literatura infantil
❒ Literatura juvenil
❒ Cuento
❒ Novela

❒ Cuento de autor extranjero
❒ Novela de autor extranjero
❒ Juegos
❒ Acertijos
❒ Manualidades
❒ Humorismo
❒ Frases célebres
❒ Otros

¿Cómo se enteró de la existencia del libro?

❒ Punto de venta
❒ Recomendación
❒ Periódico

❒ Revista
❒ Radio
❒ Televisión

Otros: ....

Sugerencias: _____

_____

_____

COCINA SALUDABLE CON AJO

Selector S.A. de C.V.

Administración de correos No.: 7
Código Postal: 06702, México D.F.